AF494748

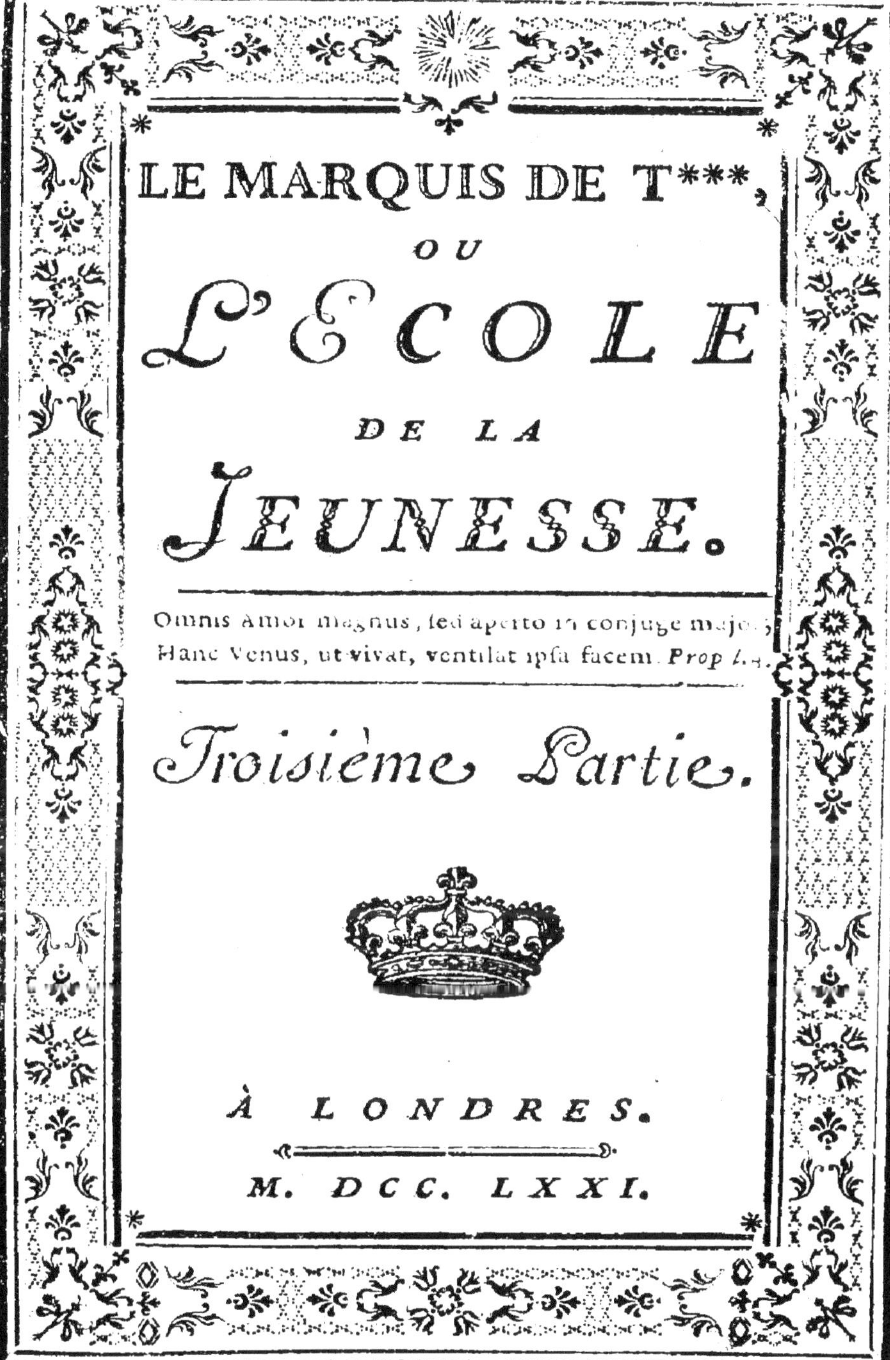

LE MARQUIS DE T***,
OU
L'ÉCOLE
DE LA
JEUNESSE.

Omnis Amor magnus, sed aperto in conjuge major.
Hanc Venus, ut vivat, ventilat ipsa facem. Prop. L. 4.

Troisième Partie.

À LONDRES.

M. DCC. LXXI.

LE MARQUIS DE T***,

OU

L'ECOLE
DE LA JEUNESSE.

IV.ᵐᵉ LIVRE.
LE MARIAGE.

LA Nature & la Raison veulent que l'on se marie : la Religion fait une auguste solennité de l'union des Époux : la Société ne commence que de ce moment à nous compter au rang des citoyens : jusqu'alors isolés, cosmopolites, égoïstes même, nous n'avons ni famille, ni patrie ; nous sommes peu sensibles à ces chers intérêts qui excitent l'homme parfait : malheur sur celui n'ôse s'imposer ce joug salutaire ! il ne mérite que l'abandon, l'opprobre, la haîne des hommes. Le goût du mariage est une source de vertus ; ceux qui font le sujet de ces Mémoires en feront un exemple. Monsieur le Maréchal de Th·· venait de tout difpofer pour l'union de fon fils avec Léonore : avant de fe rendre chés monfieur & madame d'E···, il apprit à fes amis, que le jour de cet heureux mariage était marqué dans la femaine fuivante : il demanda en riant au Comte de T···, s'il ne prendrait pas à-peu-près ce temps pour unir le Marquis & l'aimable Hélène. ——Je le defirerais beaucoup , répondit le Comte, fi j'étais affuré que l'efprit & le cœur de mon fils ont acquis le degré de maturité convenable pour un engagement fi faint : les difpofitions où il fe trouvera peuvent feules me déterminer à cette importante démarche plutôt que je ne l'avais réfolu——. Le Maréchal plaida la caufe du Marquis avec beaucoup de chaleur. Il convint au refte que rien n'était plus raifonable que les difpofitions du Comte.

C'était le jeune de Th·· qui avait engagé fon père à fonder monfieur de T··· fur ce mariage. Il ne doutait pas que ce ne fût obliger infiniment fon ami , Hélène elle-même , & madame de T···. Il attendait impatiemment d'être inftruit de la réponfe qu'on aurait faite au Maréchal, pour être le premier à porter à Marquis une nouvelle qui devait lui être fi agréable. Lorfqu'il fut ce qu'avait dit monfieur de T···, il ne douta plus de la réuffite , puifqu'elle dépendait de l'empreffement d'un amant paffionné. En fortant pour aller chés le Baron d'E···, le Vicomte s'empara de lui & du jeune de Saint-A··; ils montèrent tous-trois dans la même voiture : ce fut-là que l’amant de Léonore révela au Marquis ce qu’il appelait le *myſtère de ſon bonheur*. Le jeune de T··· remercia ſon ami. ——Je ne mérite guères, lui dit-il, les ſoins que vous prenez pour moi : mais je n’en ai pas moins de plaiſir à vous aſſurer que je ſens toute l’importance de l’avis que vous me donnez——.

La joie & les plaiſirs accueillirent d’abord chés monſieur d’E·· une ſociété que l’amour & l’amitié y raſſemblaient ; mais la ſatisfaction qu’elle y goûtait, fut bientôt troublée par un accident qui avait paru s’éloigner. La criſe que le Marquis de M··· avait eſſuyée la veille était ſi violente, qu’on fut ſurpris le matin, lorſqu’il aſſura qu’il ſe trouvait beaucoup mieux. Il deſira l’après midi qu’on le tranſportât chés monſieur d’E··· : on s’y prêta volontiers : ſa maladie étant un fond de chagrin, on crut que la gaîté qu’il verrait briller ſur le viſage d’une jeuneſſe aimable, ſerait le plus efficace des remèdes. On eut lieu de s’applaudir de l’avoir ſatisfait, juſqu’à ce que le malade, ayant trop bonne opinion de ſes forces, voulut faire quelques pas, appuyé ſur le bras de ſon frère : c’était le dernier effort de la nature épuiſée ; il ſe trouva mal : on le porta chez lui, où bientôt il expira dans les bras du Chevalier. L’époux d’Adelaïde devint par-là Marquis de M···, & il en prit le nom.

Le ſouper fut ſérieux : tout le monde reſpectait la douleur de monſieur de M··· & de son épouse : on ne débita pas ces insipides lieux-communs, inventés par les âmes froides, pour joindre à notre affliction le suplice d'entendre des mots vides ; on loua leur sensibilité. En effet quelle injustice de vouloir empêcher les bons cœurs de se montrer tels qu'ils sont ? Dans les regrets que nous causent la perte de ceux qui nous furent chers, l'excès est toujours condanable; mais une douleur règlée quoique vive & profonde, est le pieux sacrifice que nous devons à leur mémoire. Le Maréchal surtout paraissait extrêmement frappé de cette mort. ——*Nous venons de le voir*, disait-il avec attendrissement ; *& il n'est déja plus! Qu'est-ce donc que la vie des hommes? un songe trompeur, beau quelquefois, & le plus souvent affreux.* Il avait été lié particulièrement avec le Marquis de M··· ; il était instruit de la cause de cette maladie qui venait de le mettre au tombeau: tandis que le Comte de J·· & le Vicomte de Th·· reconduisaient de bonne-heure monsieur & madame de M···, le Maréchal fit au reste de l'assemblée le récit des avantures de son ancien ami.

***

HISTOIRE du Marquis DE M···, & de CLARE BOURGEOIS.

« JE connaissais le Marquis de M··· dès sa plus tendre jeunesse ; & quoiqu'il fût moins âgé que moi de plusieurs années, je peux dire que nous avons été élevés ensemble. Durant nos premières campagnes, nous étions si parfaitement unis, qu'on nous voyait rarement l'un sans l'autre. Son humeur a toujours été férieufe, ou plutôt mélancolique : l'amour, vous le favez, eft pour ces caractères une paffion dangereufe, qui les met toujours hors d'eux-mêmes, tantôt par les tranfports de la joie, & plus fouvent encore en les plongeant dans les horreurs du defefpoir.

Partout où nous fumes en garnifon, de M··· fut fe garantir des charmes de ces coquettes dont les villes de guerre font ordinairement affez bien fournies. Son âme draite & vertueufe, pour s'attacher, cherchait un objet eftimable. Ce fut à notre retour à Paris que mon ami trouva ce cœur digne du fien : mais il eut le malheur de choifir dans un ordre de citoyens trop audeffous de lui, pour ôfer fe flater que fa famille approuverait fon amour. Cependant, pour le blâmer, il ne falait pas avoir vu la jeune-perfonne ; car elle était d'un mérite fi rare, d'une beauté fi touchante, qu'elle eût gagné tous les fuffrages, comme elle avait captivé fon amant. Voici quelle était fon origine.

Le fils d'un riche Négociant de cette Capitale fut envoyé par fon père à Dublin pour les affaires de leur commerce. Ce jeune-homme n'était pas toujours occupé ; il employait le temps où fa préfence n'était pas néceffaire dans la ville, à en parcourir les environs. Le petit pays *Kilkenny* eft tout proche, & l'un des plus agréables cantons de l'Irlande. Le jeune Français y fit connaiſſance avec un Marchand de ſoiries nommé *Patrice Kitill*. Ils ſe traitèrent réciproquement ; & quand Patrice venait à Dublin, il était ſi gracieuſement engagé par ſon ami, qu'il ne prenait point d'autre logement que ſa maiſon. Patrice à ſon tour le recevait de ſon mieux à Kilkenny. Le jeune Français allait pour la troiſième fois chés Kitill, lorſqu'il découvrit qu'il avait une fille plus belle que tout ce que l'on pourrait imaginer (*). Voir la belle Dorothy, l'aimer, ouvrir ſon cœur à Patrice, & lui témoigner l'envie d'être ſon gendre, tout cela

---

(*) Voici le tableau que fait un Auteur fameux de ces belles Inſulaires : « La beauté eſt ſi commune parmi
» les femmes d'Irlande, que, pour s'attirer une admi-
» ration extraordinaire, il faut qu'elles reſſemblent
» aux plus brillantes deſcriptions des Romans : les Phy-
» ſiciens attribuent cette faveur de la nature à la tem-
» pérature de l'air, qui défend l'île dans toutes les ſai-
» ſons de l'excès de la chaleur & du froid. Par des rai-
» ſons moins faciles à expliquer, il arrive fort ſouvent
» que la campagne produit des beautés plus accomplies
» que la ville ; & l'innocence des ſentimens, étant
» d'ailleurs dans toutes ſortes de pays, le partage des
» lieux champêtres, on peut regarder une belle pay-
» ſanne d'Irlande comme ce qu'il y a au monde de plus
» ſéduiſant par les charmes de l'eſprit & du corps. Il
» leur manque à la vérité de la politeſſe, mais ſi c'eſt
» une qualité que la Nature ne donne point, elle met
» dans les femmes de tous les pays, une ſi heureuſe diſ-
» poſition, à l'acquérir, que l'art & l'uſage en font
» l'affaire à peu de frais. Tout dépend du motif & de
» l'occaſion ». *Pour-&-contre de l'Abbé Prévôt.*

fut l'affaire d'un jour. Mais l'on ne fut pas
aussi vîte pour le reste. Kitill se contenta dans
cette visite, d'assurer son ami, qu'il le préférait à tous les jeunes-gens de sa connaissance.

Le généreux Kitill était honnête-homme,
prêt à obliger tout le monde ; il fut bon fils
& bon mari ; il était bon père, excellent
ami ; mais il n'était pas chrétien (*). Une
Idole antique, monstrueuse, était la divinité
que de tout temps on avait adoré dans sa
famille. Lorsque le jeune Français revint à
Kilkenny, il pressa de nouveau Patrice de
l'unir à la belle Dorothy. Avant de lui répondre, Kitill le conduisit à un petit oratoire,
situé dans l'endrait le plus reculé de sa maison, & là, lui montrant l'objet de son culte,
il lui dit ces paroles : —Mon fils, je te découvre ce que jusqu'à-présent j'ai caché à
mes meilleurs amis : ce que tu vois m'est plus
précieux que la vie, que ton amitié, & que
ma fille même : pour obtenir Dorothy, te
déterminerais-tu à adorer le même Dieu que
moi ; ce Dieu qu'adore ton amante—? Le
jeune Français fut surpris ; il frissonna d'horreur, & demeura sans répondre : —Tu hésites,
continua l'Irlandais Idolâtre ? ——Non, repliqua Bourgeois (c'est ainsi que se nommait le
jeune-homme) mais, mon ami, votre fille est
si belle, l'empire que ses charmes & ses ver-

<hr>

(*) La Religion chrétienne n'est pas encore établie
dans certains cantons reculés de l'Irlande. Pour-&-sui-
te de l'Abbé Prévôt.

tus lui donnaient fur mon cœur, était déja fi puiffant & fi doux, qu'il m'a falu recueillir toutes mes forces & toute ma raifon, pour renoncer à elle. ——Je t'approuve, reprit Ki- till, de ne pas changer ton Dieu, quel qu'il foit, pour le mien: toutes les Religions font également bonnes (*); mais celui qui quitte la fienne, pour embraffer celle d'un autre, eft un lâche capable de vendre fon père. Comment aurais-je pu compter fur les fer- mens qui t'auraient lié à ma fille, fi tu n'a- vais pas tenu ceux que mille fois fans doute tu fis de fervir ton Dieu? Écoute-moi: j'ai feulement voulu te fonder: mais fi tu m'af- fures que tu ne contraindras point les fenti- mens de Dorothy, je te connais pour un homme-de-bien, je t'en crais, & je te la confie——. Tranfporté de joie, le jeune-homme allait jurer, que fa belle maitreffe ferait tou- jours parfaitement libre. ——Donne-moi ta

---

(*) Il faut fe rappeler que c'eft un idolâtre qui parle: la Religion Chrétienne nous apprend que cette maxi- me eft fauffe. Mais, dira-t-on, l'intolérance *eft un ef- prit de vertige, dont les progrès ne peuvent être regardés que comme une éclipfe de la raifon humaine; & nous avons des preu- ves que le Légiflateur des Chrétiens était lui-même le plus to- lérant de tous.* D'accord: les Payens irrités par quelques Chrétiens dont le zèle était indifcret, furent intolérans & cruels: lorfque l'Églife eut le deffus, des Miniftres aveuglés par leurs paffions, imitèrent les Perfécuteurs, & je conviens que ce ne faurait être là l'efprit de celui qui dit: *Je ne veux que des ferviteurs volontaires.* Le mot de Tibère, *Laiffons aux Dieux le foin de fe vanger eux-mê- mes,* était de bon-fens, & digne d'un meilleur Prince.

parole, intérompit Kitill, c'est le serment de l'honnête-homme.... Demande l'aveu de tes parens, ajouta-t-il, & dès que je l'aurai vu, je t'unirai avec celle qu'adore ton cœur. Va, mon cher fils, en te l'accordant, je crais te faire un présent d'ami. Marque à ton père que la dot de ma fille est de dix mille livres sterlings, & que ce ne sera pas tout : j'en garde deux fois autant ; ce fonds ne diminuera pas entre mes mains, & je n'ai point d'autre héritier qu'elle——. Le jeune Bourgeois écrivit à son père tout ce que vous venez d'entendre, à l'exception de l'article qui concernait la religion de sa maîtresse. Ses parens ne firent pas difficulté de donner les mains à un établissement aussi avantageux, quoiqu'il dût retenir leur fils loin d'eux, au moins pour quelque temps : la cérémonie de l'union se fit d'abord devant l'Idole ; & le jeune Français s'y prêta, à condition qu'un Ministre (il était protestant) la répéterait dans le Temple. Kitill lui répondit, Qu'il l'entendait de la sorte ; parce que les bénédictions d'un Dieu n'étaient que pour ceux qui crayaient en lui ; & que le mariage était d'ailleurs un contrat civil que la religion du pays devait rendre plus notoire & plus solennel. Ainsi le jeune Français épousa Dorothy Kitill, & continua de faire son commerce à Dublin. Son épouse allait passer une partie de l'année auprès de son père : ç'avait été une des conditions de l'alliance.

A 6

Les premières années de fon mariage, Dorothy donna deux filles à fon mari. Vous favez ce que l'on dit de la beauté des femmes d'Irlande. Dorothy les furpaffait toutes ; & fes charmantes filles, lorfqu'elles furent dans l'âge de plaire, étaient plus belles que leur mère. Patrice Kitill les vit craître, & fon cœur fut témoin de la félicité de fa chère Dorothy. Enfin, comblé d'années, il s'éteignit entre les bras de fa fille, après lui avoir recommandé de fuivre fon mari en France, fans murmurer, s'il voulait l'y conduire : mais il lui ordonnait de mettre auparavant dans fon tombeau la ftatue de leur Dieu.

Ce qu'il avait prévu arriva : Bourgeois venait d'apprendre la mort de fa mère ; fe voyant libre, il propofa à fon époufe d'aller à Paris, remplir auprès de fon père les mêmes devoirs qu'ils avaient promis de rendre à mafter Patrice Kitill tout le temps de fa vie. Comme Dorothy chériffait auffi tendrement fon mari, qu'elle en était aimée, elle lui répondit que fa patrie ferait partout où il lui plairait de la mener. Ils convertirent donc toute leur fortune, qui était très-confidérable, en bons effets fur les plus fameux Négocians de Paris & de Londres ; Dorothy exécuta les dernières volontés de fon père, & ils prirent la route de la Capitale d'Angleterre.

Clare, l'aînée de leurs filles, avait alors quinze ans. Le féjour de monfieur Bourgeois à Londres fut très-court : cependant la beauté de ſes filles y fit du bruit , & s’il l’eût voulu , il pouvait les y marier très-avantageuſement. Mais il n’eut pas la force de ſe priver ſitôt de ce qu’il avait de plus cher: d’ailleurs , & ce fut-là ſa principale raiſon, il les crut néceſſaires à leur mère , qui , ſans ces chères filles, ſe fût trouvée preſqu’iſolée dans un pays inconnu. Il paſſa en France avec toute ſa famille , & vint à Paris: le père & le fils ſe revirent avec beaucoup de joie. Dorothy fut bientôt chérie du vieillard autant qae ſon fils lui-même. Le jeune Bourgeois, déja riche , fut mis par ſon père à la tête d’une maiſon opulente: il aurait pu quitter ſon commerce , & s’annoblir par quelque charge ; mais il avait appris de Kitill à reſpecter ſon état : il crut qu’il valait mieux être utile à ſon pays, en reſtant le premier des Négocians , que de ſe faire avec un parchemin , un être inutile & le dernier des Nobles. Il continua ſon premier genre de vie ; tandis que ſon heureux père était tranquille au milieu d’une famille qui comblait de joie & de ſatisfaction les derniers momens de ſa vie.

Ce fut alors que le Marquis de M···· vit l’aimable Clare. La maiſon du Marchand était ſituée dans le plus beau quartier de Paris, & les deux ſœurs occupaient ordinairement une place dans la boutique. Mon ami m’a raconté qu’il éprouva un tremblement univerſel, en voyant Clare pour la première fois ; & tel fut l’indice de la paſſion la plus vive &

la plus conſtante. Il fit arrêter ſa voiture, &
demeura longtemps à regarder cette belle
perſonne & ſa ſœur, ſans en être remarqué. Il
s'enivrait de plaiſir & d'amour, ne croyant
pas que rien pût augmenter l'enchantement,
lorſque Clare ſourit en parlant à ſa ſœur : ce
fut alors que de M··· crut voir une divinité :
toutes les grâces vinrent animer ce charmant
viſage. …. Mais pourquoi vous la peindre ? je
l'ai vue : il eſt ici de jeunes Beautés qui l'éga-
lent, & peut-être la ſurpaſſent. [*Ses yeux
fixèrent Hélène & Léonore.*]

En un même jour, le jeune de M··· perdit
ſa liberté, & l'idée de ce qu'il devait à ſa
naiſſance : Un Officier, qui s'était diſtingué
à la tête de ſon régiment dans trois actions
différentes; que décorait déja le premier prix
de la valeur, réſolut de cacher ſon nom, &
d'entrer chés monſieur Bourgeois comme
garçon-marchand, pour jouir à chaque inſ-
tant du jour de la vue de ſa maitreſſe, en
attendant que l'occaſion ſe préſentât de l'é-
pouſer, ſans ſe faire tort dans le monde.

Pour réuſſir dans ce projet, il écrivit à un
Négociant de Lyon dont il était connu, &
qu'il avait eſſenciellement obligé, en lui rendant un ſoldat ſon fils unique, qu'il avait
ſauvé de la punition ſévère que méritaient
ſes deſobéiſſances. Il pria ce Marchand de le
faire paſſer pour ſon fils, ſous le nom duquel
il le placerait chés monſieur Bourgeois, ſon
correſpondant à Paris, pour apprendre le

commerce fous les yeux de cet honnête-homme. Il l'affurait en-même-temps, & lui engageait fa parole d'honneur de ne rien faire dans cette maifon qui pût occafionner le repentir de la complaifance qu'il exigeait de lui. Monfieur *Lavarenne* (c'eft le nom du Négociant Lyonnais) devait trop au Marquis de M*** pour lui refufer ce fervice : il écrivit donc à fon Correfpondant, *Qu'il lui envoyait fon fils, & le recommandait à fes foins ; qu'il le priait cependant de ne pas avoir abfolument égard à fon affiduité, parce qu'il fe trouvait affez riche pour lui faire prendre une autre état que le fien, s'il n'avait pas de goût pour le commerce :* il *lui avouait que fon principal but était de le former aux manières douces & aifées de la Capitale.*

En s'exprimant de la forte, monfieur Lavarenne voulait obliger doublement le Marquis, & faire enforte qu'on ne l'aftreignît pas à la vie fédentaire & gênante des garçons - marchands. La réponfe de monfieur Bourgeois fut telle qu'on pouvait la defirer. On ne tarda pas à voir arriver de grandes malles, fuivies d'un jeune-homme que le foleil avait un peu bruni, mais fort bienfait & de bon - air. Mon ami avait pris une chaife à cinq lieues de Paris, & paraiffait arriver de Lyon. Il préfente les lettres de fon père, monfieur Lavarenne Négociant, & dans l'inftant il eft reçu comme s'il avait été de la famille même de monfieur Bourgeois.

Vous peindre l'allégreſſe, le raviſſement du pauvre Marquis, lorſqu'il ſe vit, dès le ſoir même, placé à côté de la belle Clare, il faudrait pour cela que je fuſſe à l'âge de monſieur le Marquis de T···, & que les beaux yeux de la divinité de ſon cœur m'inſpiraſſent. Je vous dirai tout ſimplement que le Marquis était au comble de ſes vœux. Il ne dormit pas durant pluſieurs nuits ; l'idée qu'il était ſous le même toît que mademoiſelle Clare, feſait battre ſon cœur auſſi vivement, que lorſqu'il avait pour la première fois entendu ſa voix touchante, & qu'en qualité de fils d'un ami de la maiſon, annoncé, attendu, deſiré même, il avait pris un baiſer ſur ſes belles joues.

Les malles que le faux Lavarenne avaient amenées, renfermaient des préſens pour madame Bourgeois & pour ſes filles. Ils donnèrent la plus haute idée de la fortume du Correſpondant, & cette attention obligeante diſpoſa les jeunes-perſonnes en faveur de ſon fils.

Malgré la vivacité de ſon amour, le Marquis eut la délicateſſe de vouloir connaître le cœur de ſa maitreſſe avant de ſe déclarer. Il fut ſe contraindre aſſez pour paraître indifférent, & commander même à ſes regards : mais s'il s'interdit cette route ordinaire & facile, il en prit une immancable pour ſe faire aimer, ce fut de paraître aimable (*). Cet amant ca-

____

(*, Ut ameris, amabilis eſto ;

Ingenii dotes corporis adde bonis. *De Arte* 2.

ché fefait tout avec grâce; il joignait à une figure intéreffante & noble, l'air aifé que donne le commerce du grand-monde, & beaucoup de cet efprit agréable qui amufe, charme, féduit, & n'humilie perfonne, parce qu'il ne confifte qu'à dire ce que tout le monde penfe d'une manière heureufe & neuve. Il fe diverfifiait; il était toujours nouveau auprès de fa maitreffe; l'excès de fa tendreffe, que la connaiffance des vertus de Clare rendait chaque jour plus vive, ne lui permettait pas le moindre manque d'attention fur lui-même: il prodiguait les foins, les complaifances, les égards, comme fans y penfer: Sa conduite difait: *Je ne prétens à rien ; je ne veux rien ; ce que je fais-là m'eft naturel; que ferait-ce fi j'aimais !*... Et tout cela n'était pas énigmatique; on le voyait, on n'en pouvait douter.

Clare, la plus belle des filles qui fût alors, n'était ni vaine, ni coquette: elle fentit tout le bonheur de captiver ce jeune-homme aimable: bientôt ce fentiment devint un defir, & dès qu'elle eut formé le projet de rendre fenfible le faux Lavarenne, elle aima comme elle était digne de l'être. Auffi tendre, mais plus naïve & moins adraite que fon Amant, elle ne fut pas déguifer comme lui le trouble de fon cœur: le Marquis s'en aperçut, & fa tendreffe, déja fans bornes, s'accrut encore. —*Voila donc ce bonheur que je m'étais promis,* fe difait-il quelquefois ! *Qu'il eft au-*

deſſus de tout ce que j'avais imaginé ! elle ne me croit que ſon égal , & moins riche qu'elle ne l'eſt elle-même, & cependant je ſuis aimé!... Mes titres , mon nom , mes biens ſont inconnus ; elle ignore le rang que je lui donnerai dans le monde : c'eſt moi , moi-ſeul qu'elle aime ! Divine Clare , je le jure par vous-même , de ne reſpirer que pour vous——. Il a bien tenu le ſerment.

La précaution qu'avait priſe le Négociant de Lyon , en envoyant ſon prétendu fils à Paris , de lui ménager une grande liberté, devint inutile. Le Marquis ne pouvait ſe ſouffrir un moment hors d'une maiſon qui renfermait ce qu'il avait de plus cher. Il ne pouvait ſe raſſaſier du plaiſir de voir Clare. Cependant la jeune-fille , conſumée d'un feu dont elle ne connaiſſait pas la nature , laiſſait paraître cette touchante langueur qui rend les laides aimables & la beauté plus ſéduiſante. Souvent elle ſe ſentait un beſoin de répandre des larmes ; mais elle en eût rougi; Clare montait dans ſa chambre , & pleurait ſans être triſte ; ſon état était délicieux & pénible tout-à-la-fois.

Dans ces conjonctures, quelques'affaires de monſieur de M··· demandèrent abſolument ſa préſence , pour environ huit jours. Il ſe fit charger par ſon prétendu père (monſieur Lavarenne) d'une commiſſion pour laquelle il falait entreprendre un voyage de huit jours; mais il ne dit à perſonne que ſon abſence dût être si courte; il laissa même soupçonner que son père le rappelait. La tendre Clare ne put supporter l'idée d'une éternelle séparation. Dès qu'elle ne vit plus son amant, elle se trouva comme accablée : le nom de Lavarenne était toujours sur ses lèvres, sans qu'elle ôsât parler de lui : ensevelie dans une rêverie profonde, elle ne voyait que Lavarenne : si quelqu'un le nommait, Clare rougissait, baissait les yeux, & cachait ses pleurs. Le troisième jour, ses parens s'aperçurent qu'elle changeait ; le cinquième, une fièvre ardente la retint au lit. Les sanglots l'étouffaient : sa mère tâcha d'exciter sa confiance par les plus tendres caresses. Clare lui répondit : —*Ma chère maman, comment vous dire ce que j'ignore moi-même ? Cependant . . . pour vous ouvrir entièrement mon cœur . . . je crois que s'il était ici . . . je me trouverais mieux. . . .* Sa mère l'interrompit pour lui demander de qui elle voulait parler. Clare rougit, & ses pleurs redoublèrent. . . . Elle continua, sans paraître faire attention à la question que sa mère venait de lui faire. —*Je me dis à-tout moment : C'est là où je l'ai vu : il devrait à-présent être là . . . il n'y est pas . . . mes yeux ne le rencontrent plus. . . . Je me dis tout cela malgré moi. . . . Ah ! ma chère maman ! pourquoi, dans ce moment même, éprouvai-je un ferrement de cœur, & ne puis-je prononcer son nom ?* . . . Elle laissa tomber sa tête sur le sein de sa mère ; & la vertueuse Dorothy , tremblante pour fa chère fille ; alarmée d'une paffion qu'elle n'était pas fure qui pût être partagée, lui dit tout ce qu'elle put imaginer de plus raifonnable, pour l'engager à prendre quelqu'empire fur elle-même. Mais la raifon peut-elle confoler l'amour ! Dorothy Kitill aigrit les maux de Clare, en lui fefant envifager que fa fituation pouvait empirer.

Elle ne s'en tint pas-là : comme elle avait quitté la Religion de fon père depuis la mort de ce dernier, & que le préjugé de l'enfance lui donnait de fréquens remords, elle ne put fe défendre, dans ce moment de trouble, de regarder la paffion de fa fille aînée comme une punition que leur infligeait fon premier Dieu, qui n'était autre chofe que l'*Amour* ou la *Nature productrice* : elle communiqua cette idée à fon époux, qui réuffit à calmer fa confcience agitée, en lui fefant comprendre, que les hommes adoraient tous le même Dieu, fous des noms différens.

Le huitième jour, celui où le Marquis devait arriver, on commençait à craindre les fuites de la mélancolie où Clare était plongée : Dorothy qui en connaiffait la caufe, ne doutait pas que la préfence du jeune Lavarenne ne fût le plus fûr remède : cependant devait-elle l'employer ? il devenait dangereux, fi fa fille n'était pas aimée. L'état où Clare fe trouva quelques heures après, ne permit pas à madame Bourgeois de balancer : quelqu'envie qu' elle eût de pénétrer les difpofitions du jeune

Lavarenne, avant de lui écrire & de lui dévoiler l'état de sa fille, le danger pressant où elle la voyait ne lui permettait pas d'en prendre les moyens. Elle écrivait donc ce que la tendresse maternelle lui dictait, lorsque le Marquis revint.

Le faux Lavarenne n'avait pas moins souffert que Clare elle-même : il était temps que ses affaires se terminassent ; un jour de plus, il les abandonnait. En entrant chez monsieur Bourgeois, les yeux du Marquis se fixèrent sur la place que devaient occuper Clare & Charlote. Leur absence parut lui donner quelqu'inquiétude ; non qu'il soupçonnât l'indisposition de Clare, & moins encore qu'il en était la cause, mais un instant de retard, pour voir l'objet qu'idolâtrait son cœur, lui paraissait un supplice cruel. Il s'approcha de monsieur Bourgeois, & l'ayant embrassé, il lui demanda comment se portait sa famille. Le Marchand que sa femme n'avait pas entièrement instruit, laissa paraître toute son inquiétude sur la maladie de sa fille aînée. Le faux Lavarenne pâlir, en apprenant cette fatale nouvelle ; peu s'en falut qu'elle ne lui causât une révolution fâcheuse. Il se hâte de se rendre auprès de Clare ; il la trouve entre les bras de sa mère & de sa sœur, qui l'engageaient à prendre courage : elles employaient les plus tendres soins & les plus vives caresses pour la consoler. Dès qu'il parut, la jeune-fille, qui n'était pas préparée, fit un cri, & s'évanouit. Alors monsieur de M⋯ ne se connut plus : il s'avance, les yeux & les bras levés vers le ciel, comme un homme éperdu. Clare secourue par sa mère, ouvre enfin les yeux ; elle cherche le jeune Lavarenne : elle le voit au piéd de son lit, marquant les plus vives inquiétudes : elle sourit en le regardant ; une vive rougeur anima ses belles joues que la pâleur de la mort avait décolorées. Madame Bourgeois, qui cherchait à lire au fond du cœur de Lavarenne, depuis que sa fille lui avait confié son secret, s'aperçut avec joie qu'elle n'était pas indifférente au jeune-homme : mais pour s'en assurer davantage, lorsque Clare fut un peu remise, elle voulut les laisser seuls un instant, & sortit ; feignant ensuite d'avoir besoin de Charlote, elle l'appela, & rentrant dans sa chambre, qui n'était séparée de celle de ses filles que par une cloison fort mince (*), elle se mit en état de ne pas perdre un mot de leur conversation.

Le jeune amant s'était approché : il avait pris la main de son amante, & la pressait dans les siennes : il laissait voir toute sa sensibilité, en demandant à Clare la cause & la nature de sa maladie. La jeune-fille baissait les yeux, & ne répondait pas. Le Marquis se taisait à son tour, la regardait & soupirait.

____

(*) Cette circonstance revient souvent ; c'est qu'elle devrait être toujours : les pères & les mères ne peuvent humilier leurs enfans par ces précautions, comme le feraient des étrangers.

Au bout de quelques momens, le faux Lavarenne demanda de nouveau à sa maitresse comment elle se trouvait ? —*Beaucoup mieux*, répondit cette belle fille : *un fardeau dont le poids me semblait insupportable, m'accablait depuis huit jours : je ne le sens plus ; une main bienfesante vient de me l'ôter.* —*Ah ! serait-il possible !*... —*Rien n'est plus vrai*.... —*Il serait possible, mademoiselle....* Mais je suis trop présomptueux : ce n'est pas moi : je ne vaux pas la peine d'être regretté—. La jeune-fille serra presqu'insensiblement la main du Marquis qui tenait la sienne. —*Clare,* continuat-il, en feignant de ne s'en être pas aperçu, *aimable Clare, que tout était sombre, triste, hideux dans les lieux que vous n'embellissiez pas.... Ces huit jours ont bien duré !*... —*Oui, ils ont été longs....* —*Pour vous, belle Clare !* —*Ils me l'ont paru.* —*Ah ! si le même sentiment nous animait !* Clare soupira. —*Vous ne nous avez quitté que depuis huit jours,* dit-elle ? *Qui vous a ramené ?* —*Mon cœur : il tient trop à ce que je vois ici.* —*Votre cœur ... il tient trop....* Elle baissa la vue en rougissant. —*Ah pourrai-je, sans présomption, interpréter en ma faveur ce que je vois & ce que j'entens ?* Les yeux de Clare se fixèrent sur lui, brillans de tous les feux de l'amour. *Si j'osais,* reprit-il, *belle Clare, je vous dirais que l'amour m'a ramené. Oui, mon cœur, ma foi, un respect éternel..., tout cela, divine Clare ne m'acquit tera pas encore envers vous.* —C'eſt donc *moi que vous aimez ?* —Je vous adorerai *toute ma vie*——. Clare prit un air ſatisfait : —Monſieur , dit-elle aux faux Lavarenne, *vous dépendez de vos parens?* —Mes parens... *ils penſent comme moi. Liſez cette réponſe à la Lettre que je leur écrivis la veille de mon départ.* —Quoi! vous m'avez aimée, dit-elle, après avoir lu , *vous m'avez aimée, dès que vous m'avez vue !* ... *votre cœur* ... *le mien...* un divin pouvoir les a donc enchainés !...

Cette vertueuſe fille reçut avec reconnaiſ-ſance; que dis-je ? avec des tranſports de joie qu'elle ne prit pas la peine de modérer, l'aveu d'un ſentiment toujours flateur ; mais qui l'eſt doublement , lorſque l'honnêteté le règle , & que la décence l'accompagne. Madame Bourgeois, ſuffiſament inſtruite, revint auprès de ſa fille. Le Marquis qui tenait encore la lettre de ſon prétendu père, la lui préſenta, en la preſſant, dans les termes les plus paſſionés, de conſentir à ſon bonheur. Ce fut avec une ſa-tisfaction bien douce que Dorothy remarqua l'empreſſement que leur Correſpondant té-moignait pour leur alliance : la manière dont il applaudiſſait au choix de ſon fils , avait quelque choſe d'extrêmement flateur pour eux & pour leur fille. Elle aſſura Lavarenne de toute ſon amitié , & lui promit d'entrete-nir ce jour même ſon mari des diſpoſitions qu'il montrait : elle le remercia de l'honneur qu'il feſait à Clare , de façon à lui laiſſer en-

trevoir

trevoir tout le plaifir que lui caufait fa recherche. Elle crut même devoir lui faire foupçonner quelque chofe de la part qu'il avait à l'indifpofition de fa fille, qui fut bientôt diffipée ; deforte que le foir il ne lui reftait qu'un peu de faibleffe.

Le Marquis m'a depuis avoué que ce moment fut le plus heureux de fa vie ; parce que ce fut celui où Clare parut fentir davantage le bonheur d'être deftinée à l'amant qu'elle adorait. Et cette idée fi flateufe, en même temps qu'elle avait quelque chofe d'un trifte tendre : Elle ne peut vivre fans moi : mon abfence, ma feule abfence vient de mettre fa vie en danger ! cette idée fe retraçait à-tout-moment au fond de fon âme.

Le Marquis dépendait d'un tuteur, & fon âge ne lui permettait pas encore de difpofer de lui-même ; il falait attendre une année entière. Monfieur Lavarenne père remit à ce temps fon voyage à Paris, & le mariage de fon fils : mais il donna d'ailleurs toutes les affurances qu'on pouvait defirer. Le Marquis fit en outre à l'aimable Clare & à fa fœur des préfens confidérables, fous le nom de fon prétendu père : le Négociant de Lyon, de fon côté, fe portait avec zèle à remplir les vues de monfieur de M*** ; il efpérait d'obtenir Charlote pour fon véritable fils, fi le Marquis n'y mettait pas obftacle, à caufe des mœurs débordées du vrai Lavarenne ; ce garçon étant d'une figure autant ignoble &

III.me Partie.

B

baſſe, que le faux était aimable & bienfait.

L'année que mon ami paſſa chez monſieur Bourgeois, quelqu'heureuſe qu'elle fût, parut longue aux jeunes amans, parce qu'ils eſpéraient un bonheur plus grand encore: mais elle ne s'écoula que trop-tôt: monſieur de M··· eſt enfin majeur. Il preſſe lui-même avec tranſport le père de Clare de hâter les préparatifs de ſon mariage. Le Négociant de Lyon & ſon fils ſont arrivés; l'averſion que ce dernier inſpire à l'aimable Charlote, juſtifie la repugnance de monſieur de M···, & lui fournit une réponſe, lorſque monſieur Lavarenne le ſollicita de favoriſer une alliance qui le flatait. On eſt à la veille de ce jour ſi longtemps & ſi vivement deſiré. L'Amant de Clare paraît avoir oublié tout l'univers, pour ne s'occuper que d'elle ſeule : à peine il ſe ſouvient qu'il a une famille, ſi ce n'eſt pour ſonger aux moyens de lui dérober la connaiſſance de ſon mariage, qu'il ne veut déclarer qu'après ſon accompliſſement. Un Notaire connu de lui ſeul, dreſſe l'acte qui l'unit à la fille d'un ſimple Marchand. Avant la ſignature, Lavarenne & ſon prétendu fils, prennent en particulier monſieur Bourgeois, ſon épouſe, la jeune fiancée, & Charlote: on leur lit le contrat, où le Marquis de M··· reprenait ſon véritable nom. Il ſe donna le plaiſir de remarquer la ſurpriſe qui ſe peignait ſur tous les viſages, pendant cette lecture, que monſieur Bourgeois n'intérompit pas.

Mais de M** fut lui-même fort interdit, lorfque le père de Clare, ayant tout entendu, fe
tourna de fon côté, & lui dit: —Que pré-
tendez-vous faire, monfieur? & quelle conduite vous propofez-vous de tenir avec votre
époufe & envers nous? Vous avez un nom,
des titres, des devoirs, un état; la fille d'un
Négociant ne devait pas vous fixer. Votre
Religion n'eft pas celle de ma fille, c'eft là,
monfieur, un obftacle imprévu. Cependant
comme les chofes font trop avancées pour re-
culer, & que d'ailleurs ma fille vous eft trop
attachée, pour renoncer à l'efpoir d'être à
vous, je confens que la cérémonie s'achève.
Et voici ma réfolution: Votre culte eft légitime; il eft celui de votre patrie, je l'approuve fans le fuivre: mais votre femme ne doit
pas être d'une autre Religion que vous; cette
contrariété d'opinion nuirait à la fubordina-
tion: Clare, vous m'avez cru jufqu'à préfent;
aujourd'hui, c'eft votre mari qu'il faut écouter: parlez, que lui promettez vous? —De
le prendre pour mon guide en tout, répondit modeftement la belle Clare. —Cet aveu
conclut votre mariage. [*Le Marquis pénétré*
baife la main de Clare & celle de fon vertueux
père.] Mais (& daignez m'en craire, monfieur)
je vous conjure de tenir votre union fecret-
te, jufqu'à ce que des fervices éclatans ren-
dus à la patrie, vous donnent affez de cette
propre gloire, de cette nobleffe qui n'appar-
tient qu'à nous, pour en faire rejaillir une

B 2

partie fur votre époufe, & lui tenir lieu d'une naiſſance illuſtre. Je lui aurai donné le jour ; & vous, mon cher fils, vous l'aurez véritablement annoblie. Vos enfans pourront dire: Notre père fe méfallia ; mais enfuite il effaça cette tache par une fuite d'actions immortelles: il ne nous devait peut-être que de nous tranſmettre fon fang dans toute fa pureté ; il l'a illuſtré, & la patrie le met au rang de fes bienfaiteurs : voila ce qu'il nous rend pour la nobleſſe qui manquait au fang que nous avons puifé dans le fein de notre mère—. Ce fut avec peine que monfieur de M ··· fe rendit à un avis fi fage : il s'était promis de fe faire honneur de fa nouvelle époufe. On prit toutes les précautions les plus infaillibles pour la validité du mariage ; & du refte, le Marquis de M ·· ne parut aux yeux des parens de monfieur Bourgeois, que le fils du Négociant Lavarenne.

Le père de Clare, loin de remercier fon Correfpondant, fe plaignit férieufement à lui de ce qu'il l'avait trompé. —*Que m'importe, lui difait-il, que ma fille foit Marquife, fi elle ne doit pas être heureufe ? crayez-vous qu'un vain titre m'éblouiſſe, & me fubjugue ? Eh ! plût-à-dieu que mon gendre fût ce qu'il m'a paru ?... Ce n'eft pas tout : fi le Marquis eût été moins honnête-homme, vous expofiez donc mes filles à la féduction, ma maifon au deshonneur ? un véritable ami m'eût donné des lumières fuffifantes, pour éviter le péril,*

sans trahir la confiance de son bienfaiteur——.
Ces reproches , & le refus d'accorder Charlote à son fils , indisposèrent les deux Lavarenne contre leur ami. Cependant l'époux
de Clare procura une place honorable &
lucrative au fils du Négociant Lyonnais, qui
voulait se fixer à Paris.

Il ne faut pas douter que le Marquis de
M··· ne se fût distingué, & qu'il n'eût exactement suivi le plan que le respectable Bourgeois venait de lui tracer. Néanmoins à-peine
uni avec une épouse adorée , comment se
résoudre à la quitter ? elle-même y eût-elle
consenti ? Tous deux obtinrent une année, au
bout de laquelle de M···, qui avait une permission du Ministre de rester à Paris , pour
ses affaires , devait se rendre où son devoir &
son rang lui fesaient une loi de se montrer.
Mais durant cet intervalle, la paix se conclut.
Quoiqu'avide de gloire , autant qu'aucun
Officier que je connaisse , l'époux de la belle
Clare en fut charmé: des années de félicité
s'offraient dans une riante perspective. Vers
ce même temps, on s'aperçut que son épouse
devenait grosse ; son bonheur était à son
comble.

[*Le Comte de J·· & le Vicomte rentrèrent
lorsque le Maréchal en était à cet endrait de
son récit. Ce qu'il venait de dire était connu
de son fils : c'est pourquoi il continua son récit
en adressant ce trait de morale aux jeunes-
gens qui l'écoutaient.*]

Mes chers enfans, comme je viens de vous le dire, le bonheur du Marquis de M*** était complet. La félicité dont il jouissait n'avait en apparence rien que d'innocent. Mais en examinant de près sa conduite, en l'envisageant en bon citoyen, en patriote zèlé, on trouve qu'il avait négligé son devoir, pour aller s'enfermer dans le magasin d'un Marchand de la rue *S. H.* durant deux années entières, dans le temps que la Nation était sous les armes, & que tant d'autres qui ne le valaient pas, se couvraient de gloire. C'était un crîme, mes enfans, & le ciel le punit. Cependant rien n'obligeait le Marquis de M*** plus étraitement qu'un autre Gentilhomme à faire campagne ; l'amour du bien public, l'honneur, les obligations qu'imposent leur naissance à ceux qu'elle dispense des travaux du commun des hommes, voila tout. Mais ces motifs sont les seuls qui doivent conduire à la guerre. Il n'est pas défendu d'envisager la renommée ; mais un homme qui ne fait bien, que parce qu'il espère des recompenses ou des louanges, n'a pas de vertu ; il n'a que de l'ambition : il serait le plus méchant de tous les hommes, s'il vivait sous un monarque injuste. Il y a des choses qu'on doit toujours pratiquer soi même, aimer dans les autres, & qu'on ne doit pas louer : c'est l'amour de la patrie, & la fidélité envers le Prince. Car lorsqu'aux dépens de notre vie & de nos biens, nous servons notre Souverain, c'est plus encore pour notre intérêt & celui de notre famille que nous travaillons, que pour le Monarque. L'État forme une communauté, où chacun met du fien pour le bien général ; où les devoirs de chacun font en proportion des talens & des fortunes : nul ne doit plus qu'il ne peut ; c'eft un des plus précieux avantages de l'homme en fociété : celui qui ne peut fe fuffire à lui-même, a droit, en vertu des loix fociales, de demander aux autres fa confervation, & ils ne peuvent, fans injuftice, la lui refufer : celui qui jouit de plus d'aifance, doit en proportion plus à la fociété que celui qui n'a que la fureté, & qui eft obligé de fe procurer tout le refte par fon travail. Un grand Seigneur a des obligations infinies à l'État : il ne peut s'acquitter que par de grandes chofes ; les fervices d'un particulier ne font pas fuffifans pour lui ; il eft encore mauvais citoyen, avec les vertus fociales qui font un honnête-homme du manœuvre. Le Roi n'eft le maître de l'État que comme fon chef : fes intérêts & ceux du peuple ne doivent jamais paraître fèparés : c'eft un père & des enfans foumis, attachés, qu'il ne louera pas, mais qu'il aime : Qu'un tyran d'Afrique ou d'Afie donne des louanges & des recompenfes à la fidélité des efclaves que lui foumettent la violence & le plus injufte des droits, il a raifon ; ces gens ne lui doivent rien : lorfqu'ils le fervent fidèlement, ils lui font grâce, & il leur en doit de la reconnaiffance : mais un Français. . . . il ne fait

que remplir le plus indifpenfable des devoirs : l'omiffion en ferait un crîme affreux.
La recompenfe du bon citoyen eft dans le
bien même qu'opère fa fidélité : lui en faire
attendre une autre comme une dette, ferait le
porter à douter qu'il n'a fait que ce qu'il a dû.

[*Le Comte de T*··· *intérompit le maréchal* :
—Mon vertueux ami , lui dit-il , que tous
nos jeunes Officiers ne peuvent-ils entendre
une leçon auffi fage ! mais nos enfans vous
écoutent : veuille le ciel qu'iis règlent là-deffus leur conduite ! *Le Maréchal continua.*]

La jeune Marquife de M··· approchait du
terme de fa groffeffe : fon époux commençait
à fe montrer dans fa famille; & comme il était
maître de lui-même, on le crayait occupé
de fes affaires. Dans le même temps, le Duc
de *** fon parent & fon tuteur, mariait fon
fils à l'unique héritière de l'une des premières
familles du royaume. Le Marquis de M···
ayant pris la réfolution, malgré fon beau-
père, de faire connaître fon époufe de toute
fa famille avant fes couches, il regarda cette
occafion comme la plus favorable qui pût
s'offrir. Mais il craignait le Duc, & ne voulait le prévenir que la veille de ce mariage,
& dans un temps où la joie le difpoferait à
l'indulgence. Le malheur fit qu'il ne put l'entretenir le jour qu'il avait choifi ; il le trouva
toujours environné de tant de monde, qu'il
lui fut impoffible de faifir le moment de lui
faire fa confidence; deforte qu'il remit au len-

demain. Il lui vint alors en penfée de montrer fon époufe à toute fa famille, fans la faire connaître; perfuadé que la belle Clare, parée de tout ce qui pouvait relever l'éclat de fes charmes, aiderait par fa préfence à le juftifier. En effet lorfqu'elle arriva dans le lieu de la cérémonie, conduite par fon époux, accompagnée de fa mère & de fa fœur, tous les yeux fe fixèrent fur Clare & fur Charlote. On fe demandait? *Qui font-elles?* Leur beauté les rendait intéreffantes; leur modeftie, la décence de leur maintien fefaient naître l'eftime au fond de tous les cœurs.... Quelle victime, grand Dieu! n'était-elle donc parée que pour le facrifice!... La cérémonie s'achève; mon ami venait de jouir du triomphe de fon époufe.... C'était le dernier de fes plaifirs!... On fortait; on s'entretenait tout haut des belles inconnues qu'avait amenées le Marquis de M***, & qu'il conduifait à fa voiture, lorfqu'un homme obfcur aborda le Duc, & lui parla quelque temps à l'oreille: mon ami ne l'aperçut pas. Ce fcélérat lui apprenait que fon pupille avait époufé une fille fans naiffance; il parla de Patrice Kirill, qu'il donnait au tuteur de monfieur de M***, non pour l'ayeul, mais pour le père de Clare: deforte que, par une hiftoire odieufe, il peignit cette jeune-perfonne comme une méprifable créature, fans religion, fans mœurs, indigne du plus vil des mortels. Le fecret qu'avait gardé le

Marquis, rendit cette calomnie plus que vrai-semblable : le Duc indigné, avertit quelques Dames de ne pas se compromettre avec une avanturière. Dans ce moment, il aperçoit le Marquis qui venait à lui. Pour l'éviter, il part, & tout le monde le suit. L'infortuné de M··· ne soupçonnait rien. Il se rend chés son tuteur ; mais en entrant, cette Clare qu' on venait d'admirer, fait baisser les yeux à toutes les femmes, excite les ris insultans des jeunes étourdis, qui, dans le fond de leurs cœurs, l'adoraient sans doute. Mon ami ne remarqua rien : il était trop loin de soupçon-ner que la présence de son épouse dût produire cet effet. Il la laisse, & court au cabinet de son parent pour l'instruire, & lui demander pardon du secret qu'il a gardé. Il s'introduit avec peine : le Duc était seul avec les nou-veaux mariés, & tenait conseil sur ce qu'il devait faire, pour punir l'audace du Marquis : il lance sur lui un regard foudroyant, & don-ne tout-bas, avant de lui parler, un ordre à l'un de ses domestiques. Mon ami obtient pourtant audience ; & fait un récit, par mal-heur trop long & trop circonstancié. Dès que le Duc en fut assez, pour voir qu'on l'avait trompé, il l'intérompit : ——Si vous me dites la vérité, dit-il au Marquis, j'en ai trop fait ; allons, mon cher, courons réparer le mal—... Il n'en était plus temps.

Le domestique du Duc, suivant les ordres de son maître, était allé dans la salle où le

Marquis avait laiffé Clare ; & là , avec toute l'infolence ordinaire aux valets des grands Seigneurs , lorfqu'ils fe fentent autorifés , il lui notifia les ordres de fon maître , & fe mit en devoir de les exécuter à la lettre , en fefant des avanies à la jeune Marquife , & la chaffant ignominieufement de l'affemblée. Clare , l'honnête & timide Clare , confondue , anéantie , ne put fe foutenir , elle s'évanouit. Les foins de fa mère la rappelaient à la vie , lorfque le valet renouvela le commandement de fortir : il ajouta fur-le-champ , que monfieur le Duc allait faire punir févèrement fon coufin de l'infulte qu'il lui fefait ; que de long-temps il ne verrait le jour. Clare foupira douloureufement , & regardant fa mère : —Nous allons être féparés , lui dit-elle ! ah ! maman ! votre fille ne faurait plus fupporter la vie—?... Des douleurs aiguës la faifirent : la pitié s'empare de tous les cœurs : on renvoie le valet : on environne Clare ; on fait des queftions à fa mère & à fa fœur : madame Bourgeois ne fongeait qu'à fa fille , envoyait chercher des fecours & n'écoutait pas. La naïve & belle Charlote répondit en pleurant , aux queftions que les Dames lui firent : le nom de fon père était connu ; fes richeffes lui donnaient de la célébrité , & fa probité le rendait refpectable : un court récit de la manière dont le Marquis était devenu l'époux de fa fœur , acheva de détruire l'impreffion qu'avait donnée le Duc , trompé par l'inconnu : tout change à l'inftant ; les Dames françaifes font quelquefois frivoles ; mais, toujours prêtes à laiffer toucher leurs cœurs en faveur des malheureux , elles n'ont pas cette odieufe infenfibilité, qu'on pourrait reprocher au beau-fexe chez d'autres nations. Toutes s'empreffèrent de réparer par mille honnêtetés l'affront que la mère & les filles venaient de recevoir ; on les honore ; on les careffe ; . . . mais Clare !... Hélas ! le coup mortel était frappé : elle s'eft bleffée : fon état eft affreux : les fecours arrivent : mais elle eft déja épuifée. Le Duc & le Marquis, fuivis des nouveaux mariés, paraiffent enfin..... Je ne puis vous retracer ce moment terrible ! le malheureux de M···· trouva fon époufe expirante. . . .

On ne peut fonger fans frémir à tout ce que lui fuggéra fa douleur, fi ce nom convient aux déchiremens du defefpoir , & aux tranfports de la rage. On fut longtemps fans pouvoir le féparer de fon époufe ; & dès qu'il ne la vit plus , il lui prit des accès de fureur qui firent craindre qu'il n'attentât à fes jours. Dorothy immobile, les yeux fecs, levait au ciel de triftes regards , & n'exprimait fa douleur que par des fanglots. Charlote, baignée de larmes , était le feul objet que le Marquis regardât fans horreur, & qu'il voulût écouter : cette aimable fille lui prenait les mains , & fe defefpérait avec lui. Elle volait enfuite dans les bras de fa mère ; elle adoucit l'amertume dont fon cœur était déchiré , puifqu' elle fit couler fes pleurs.

Le criminel inftrument de ce malheur parut dans ce moment devant le Duc fon maître : il n'avait fait qu'exécuter fes ordres ; &
ce Seigneur, dévoré de remords, effrayé de
la mort de la Marquife, & de l'état de fon
époux, ne fe poffédant plus, punit ce miféra-
ble de lui avoir trop obéi.

Après l'accident funefte qui venait d'arriver, la douleur prit la place de la joie ; les
nouveaux Époux & toute l'affemblée pleurè-
rent la belle Clare, & plaignirent le fort affreux du Marquis de M···: la Marquife de
P··· qui était préfente, s'emporta vivement
contre le Duc, & voyant que fon fils, qui
jufqu'alors avait marqué beaucoup d'antipathie pour le mariage, s'empreffait auprès de
Charlote, elle lui demanda tout-haut, s'il
rougirait d'avoir pour compagne une fille de
ce mérite ! Sur fa réponfe, elle dit au Duc :
——Ma famille vaut bien la vôtre, monfieur,
& cependant j'ordonne à mon fils unique,
fi madame Bourgeois y confent, de s'attacher à l'aimable Charlote——. Tout le monde
applaudit. Ce mariage s'eft fait depuis, comme vous le favez, & nous voyons dans cette
affemblée le plus heureux de fes fruits : mais
il ne reffemblait pas à celui de mon ami ; les
ordres d'une mère rendaient le cas bien différent. Cette conduite de madame de P··· n'empêcha pas que l'on ne convînt que le malheur
fuit prefque toujours ces paffions, où *l'un
des deux fait à l'autre un trop grand facrifice.*

Pendant longtemps, il falut garder à vue monsieur de M***. Enfin la fureur se calma, sans que sa douleur se ralentît ; il fut toujours dévoré de ce chagrin sombre qui vient de le conduire au tombeau. Il a su dans la suite, que ce même Lavarenne, qu'il avait enlevé au supplice, était l'infame qui s'était approché du Duc pour calomnier Clare : ce malheureux, par la plus noire ingratitude, causa la mort de son bienfaiteur. Il en fut puni : le Duc de *** le fit chasser de son emploi ; le père Lavarenne lui-même, en apprenant son crime, en fut indigné ; il se remaria, & se vit bientôt une nouvelle famille : son fils lui montra pour-lors toute la noirceur de son caractère, en calomnniant sa bellemère ; ce qui fit qu'après avoir reconnu la vérité, il le deshérita : l'ingrat se voyant sans ressource, fut réduit à s'engager de nouveau ; quelque temps après il deserta, & ne trouvant personne qui s'intéressât en sa faveur, il subit le châtiment qu'il méritait. Mais sa punition ne rendit pas au Marquis un bonheur trop tôt éclipsé.

C'est ainsi qu'une fausse démarche, excusée par tout ce qu'on peut imaginer de plus séduisant, a fait le malheur de mon ami. Qu'il a payé cher quelques jours de félicité ! ... Mais laissons en paix sa mémoire : nous possédons son frère, qui va diminuer l'amertume des regrets que sa perte nous cause, en nous montrant les qualités brillantes du Marquis, couronnées par le bonheur ».

Ce récit de monfieur le Maréchal, occafionna l'éloge du nouveau Marquis de M···, qui venait de s'acquitter de l'importante fonction d'Ambaffadeur, à la fatisfaction de fon Souverain, & de la Puiffance auprès de laquelle il avait réfidé. On ne l'avait rappelé fitôt, que pour l'employer à l'une de ces négociations difficiles, qui demandent un homme dont la capacité foit reconnue. Madame d'E··· infifta beaucoup fur le bonheur dont il fefait jouir fon époufe, fes domeftiques, & tout ce qui dépendait de lui. Elle obferva, que lorfque l'on manque à l'humanité, de quelque manière que ce foit, les grandes qualités perdent de leur éclat; & qu'un grand homme, mauvais maître, dur, cruel, injufte, eft un homme méprifable. Cette Dame avait raifon, Charles XII fut un infenfé; le Czar Pierre, un barbare; Richelieu, moins haï qu'il ne le méritait; Cromwel, un monftre, & tous ces gens-là étaient de grands hommes.

À ce propos, monfieur de V·· dit que la douceur & la fenfibilité devaient être encore plus particulièrement l'appanage du beaufexe. Il rapporta un trait, qu'il affurait tenir de *Zaïde*, cet Ambaffadeur que la Porte envoya à notre Monarque en 1743. *Un Seigneur Perfan, lorfqu'on lui amenait une nouvelle efclave pour fon ferrail, avant de l'y admettre, voulait lire au fond de fon cœur: il fefait fuftiger devant elle un joli* chien qui l'avait déja careffée, & tordre le cou à de jeunes oifeaux apprivoifés, qui venaient de fe repofer fur elle & de la béqueter. Si l'efclave reftait les yeux fecs, ou n'était que médiocrement affectée, il ne la gardait pas. Il falait qu'elle parût violemment émue en les entendant menacer, que fes larmes coulaffent, qu'elle demandât avec empreffement la grâce de ces innocentes créatures ; & que la vue de leur fang la fît évanouir. Alors le Perfan riait en lui-même de fon aimable fimplicité ; mais cette douceur de caractère, cette fenfibilité l'enchantaient & captivaient fa tendreffe. Il avait coutume de dire, qu'une femme infenfible pour un être vivant (*), quel qu'il foit, était un monftre, dont le cœur devait avoir un vice fecret, qui l'empêcherait également d'aimer fes enfans & fon mari.

Comme il était fort tard, on fe fépara. Cependant la nuit, déja fort avancée, parut encore longue au jeune amant d'Hélène. Ce que le Vicomte lui avait appris de l'entretien du Maréchal avec monfieur de T···, pour hâter fon mariage, lui fefait fouhaiter avec ardeur d'entretenir fa belle coufine. L'amour que lui infpirait Hélène ne pouvait augmenter ; cette paffion s'épurait feulement : il

____

(*) Il eft aifé de voir par-là, que ce Perfan eût encore méprifé davantage ces femmes qui ne peuvent voir mourir un pigeon, & que la vue d'un pauvre au defefpoir, dévoré par la faim, accablé de mifère, laiffe plus froides que le marbre.

réfolut de donner à fon amante une preuve non commune de fon eftime & de fon refpect. Dès qu'il fut qu'elle était vifible, il entra dans fon appartement. Il allait commencer à l'entretenir: Hélène lui fit remarquer qu'elle n'avait pas encore vu fa Tante. Elle fe rendit fur-le-champ auprès de la Comteffe, en le priant de l'y fuivre. Lorfque madame de T··· les aperçut enfemble, elle préfuma qu'ils venaient de fe confulter, pour preffer leur union: & comme monfieur de T··· lui avait rendu compte de fa converfation avec le Maréchal, elle fe fefait un plaifir de leur annoncer qu' ils feraient mariés le même jour que Léonore. Cette tendre mère s'était tracée un tableau charmant des tranfports de fon fils, & du timide embarras d'Hélène. En effet mademoi-felle de T··· baiffa les yeux en rougiffant; & l'on y lifait qu'elle voulait cacher fa joie: elle fixa fon coufin à la dérobée, pour re-marquer l'impreffion que cette heureufe nou-velle fefait fur lui. Le Marquis prit la main d'Hélène, & la regardant avec l'expreffion de l'amour le plus tendre, il lui dit: —Vous confentez, ma belle coufine, à me prendre tel que je fuis; mais moi, qui vous honore autant que je vous aime, dois-je fouffrir qu' on uniffe votre fort à celui d'un homme fans nom; que ni fon courage, ni la bienfefance, aucune de ces vertus qu'on voit briller dans mon père, & qui lui furent communes avec le vôtre, que rien en un mot ne diftingue en core ? Mon Hélène ! vous poſſédez tous les avantages qui rendent votre ſexe digne de notre reſpect & de notre attachement ; votre amant, pour ne pas être indigne de vous, doit avoir l'eſtime générale ; celle des honnêtes gens par ſes vertus ; celle des méchans eux-mêmes, à qui le vrai mérite en impoſe toujours, par des actions d'éclat. Mon amour m'ouvre les yeux ; il me découvre toute l'étendue de mon devoir : mais il me fait ſentir mes forces ; il me dit que c'eſt Hélène que j'aime, & que je le remplirai. Cependant la recompenſe précédera-t-elle la conduite qui doit la mériter——? Mademoiſelle de T***, dont l'âme n'était pas moins grande que celle de ſon amant, répondit au Marquis : ——Mon couſin, je n'avais encore ſenti pour vous que la plus vive tendreſſe ; mais aujourd'hui vous m'inſpirez ce reſpect qu'il ſiéd ſi bien à une femme d'avoir pour ſon mari ; & je vous jure que toute ma vie je le conſerverai.——Je n'ai plus rien à deſirer, mes chers enfans, leur dit alors la Comteſſe ; vous êtes tels que je demandais au ciel que vous fuſſiez. Vous vous rappelez le ſujet ſur lequel nous en étions hier. Lorſqu'on nous intérompit, j'allais donner à mon fils des avis importans, qui ſont le fruit de mon expérience, ou plutôt l'hiſtoire du reſpectable Comte, & de ſa conduite envers moi. Quel exemple plus digne de vous être propoſé, mes chers enfans, que celui d'un père ! il m'a rendue la plus heureuſe des époufes: puiffe notre aimable Hélène en dire autant quelque jour, mon fils, en parlant de toi!

Je vous difais donc, mes enfans, que *je ne vous crayais faits ni l'un ni l'autre pour occafionner les malheurs qui fuivent trop fouvent les unions les mieux afforties. Mais fi tous deux vous penfiez que ce qu'on appèle communément, les devoirs des époux, foit fuffifant pour leur félicité, vous feriez dans l'erreur. Monfieur de T... ne s'en tint pas à ces égards froids, à ces prévenances machinales, que l'habitude rend plus infipides encore. Il fentit (& vous l'éprouvez à votre tour) qu'on ne peut être heureux fans aimer & fans l'être. A quel objet un époux s'attachera-t-il? l'homme fage, qui veut faire ufage de fa raifon, conviendra, que s'il peut réunir dans la compagne qu'il s'eft choifie, l'amante, l'époufe & l'amie, ce fera s'épargner tout-d'un-coup bien des peines, des foins, des recherches infructueufes* (*). A ces vues d'utilité, l'honnête-homme ajoutera qu'il le doit. C'eft auffi ce que fit votre père, mes aimables enfans. N'allez pas craire que je fuffe un être parfait quand il m'époufa. Après vingt années d'attentions fur moi-même, & la meil-*

(*) Si Marc-Antoine eût penfé de la forte; que la vertueufe & belle Octavie eût confervé fur fon cœur l'empire que ravit une Reine debordée, coquette, moins aimable & moins jeune, jamais Augufte n'eût gagné la bataille d'Actium, & contraint fon beau-frère à fe donner la mort.

leure envie du monde, je ne le suis pas encore,
Quoique j'aimasse uniquement monsieur de
T··· en l'époufant, j'étais bien loin d'avoir
comme lui une idée complette de l'étendue de
nos devoirs réciproques. J'aimais l'éclat, à être
trouvée belle, à être admirée : j'aurais voulu
ne dépendre que de moi ; gouverner ma maison
à ma fantaisie, sans prendre conseil de celui
qui en était le chef. Bien-loin de vouloir me
chicanner ou m'enlever quelques-uns des petits
droits que s'arrogeait ma vanité, le Comte
les étendait ; il me fesait de-temps-en-temps
apercevoir que je n'usais pas de tous mes
avantages : il avait raison, mes chers enfans;
je négligeais le principal, celui de ne rien
exiger, de ne rien demander, & de me faire
tout offrir ; avantage précieux, que les grâces
& la beauté d'une femme lui procurent moins
que sa douceur (1). Il savait prévenir mes
desirs, mes goûts. Il avait pour moi ces attentions, qu'on nomme galanterie (2) dans
un amant, & dont les époux savent sitôt se
défaire. Lorsque la somme destinée pour mes
amusemens ne suffisait pas, & que des em-

---

(1) Il ne faut cependant pas qu'une épouse suive
l'exemple de Livie : — *En me conformant aux inclinations
de mon mari*, disait cette Impératrice, *je m'en suis rendue
maitresse.*

(2 On a prétendu que la *galanterie* était le léger, le
délicat, le perpétuel mensonge de l'amour. Mais peut-
être l'amour ne dure-t-il que par les secours que la galanterie lui prête : serait-ce parce qu'elle n'a plus lieu
entre les époux que l'amour cesse ?

plettes l'avaient abſorbée , mon mari , en m'ouvrant ſa bourſe, aulieu de faire valoir le préſent , admirait mon économie : il donnait les louanges les plus délicates à des qualités qu'il me trouvait ; il avait l'art , mes aimables enfans , de me perſuader que je les avais , & par-là de m'engager à les acquerir ; il me fé-licitait en-même-temps de mon éloignement des plaiſirs bruyans & dangereux , & ſur-tout de ma haîne pour le jeu : avec quelle adreſſe il attribuait à ma raiſon les vertus de mon tempérament , & ſavait m'en laiſſer tout le mérite ! Mes enfans , j'étais ſon ouvrage : c'était lui qui m'avait donné le goût des choſes honnétes , & l'averſion des mauvaiſes ; qui m'avait rendu odieux tout amuſement inutile: avec quelle inſinuance il s'était emparé de mon âme , & ne l'avait-il pas formée , ſans que je m'en doutaſſe ! & ce fut ainſi qu'il mania la vôtre, mon fils, dans votre jeuneſſe : tout ce qu' aujourd'hui vous montrez de bon ; les vertus qui brillèrent quelquefois en vous au milieu de vos écarts; l'avantage inappréciable d'être ai-mé d'une fille parfaite, vous le devez à votre pè-re: après Dieu, c'eſt lui qui vous a formés tous deux.... Je reviens à moi. Monſieur de T··· louait avec complaiſance ce qu'il me trouvait de bon ; & par une attention non moins obli-geante, il s'appliquait à faire diſparaître mes défauts, inſenſiblement, ſans m'en parler. Il y réuſſiſſait, mes chers enfans, parce qu'il m'ai-mait, & que l'amour embellit tout. Le Comte n'a jamais pensé que ce fût un ridicule de chérir sa femme, & de montrer combien il était sensible au plaisir d'en être aimé. Mais il s'est toujours gardé, comme du plus dangereux écueil de la tendresse, de cette liberté presque grossière que la plupart des époux craient ne pouvoir trop-tôt prendre l'un avec l'autre. Pourquoi ne pas avoir la délicatesse de se respecter comme auparavant? lorsque de tendres amans s'épousent, ils sont heureux : qu'il faudrait souvent peu de chose pour qu'ils continuassent de l'être ! ces égards, ces petites attentions qu'il est si doux d'avoir pour une maitresse, auraient le même charme, si l'on voulait les conserver pour l'épouse. Monsieur le Comte ne m'a jamais parlé depuis notre union, sur un autre ton que le premier jour où nous nous connumes, à ces noms près que la tendresse fait donner. Il sut démêler qu'il est des instans, où l'épouse la plus tendre aime à se dérober à l'empressement de son mari. La pudeur & la chasteté, ma chère Hélène, doivent être nos inséparables compagnes ; c'est-là notre appanage, & ce qui nous distingue de ces femmes assez malheureuses, pour s'être contentées de l'apparence d'une union sainte : hélas ! on les méprise ! ... & moi, que je les plains ! viles esclaves de celui qui rampe lâchement à leurs piéds, c'est en se dégradant par mille prévenances honteuses, qu'elles conservent un empire, qui ne doit durer que la saison de la jeunesse & de la beauté. Également dédaignées de ces hommes qui les flattent, & d'un sexe qu'elles avilissent, elles sont pour les premiers un vil instrument de volupté ; & pour les secondes, un objet odieux, dont le souffle impur peut ternir l'innocence même. J'ai donc toujours joui d'une liberté de fille : mais j'en usais comme une fille honnête. Malheur sur ces indignes épouses qui abusent des égards établis par nos mœurs, pour se livrer à leurs panchans criminels ! ces boudoirs inventés par la pudeur, autorisés par le respect des époux, deviennent pour elles l'azile du crime & de l'impureté. Oh ! les infortunées ! que notre sexe doit les haïr, les détester, les fuir ! elles sont audessous des créatures les plus viles : une fille qui succombe est plus excusable : une de ces abadonnnées qu'on n'ose nommer, & qui ont levé le masque, est mille-fois moins criminelle. Mon fils, quoique votre père & moi fussions nouveaux époux, je passais dans mon appartement tout le temps qu'il me plaisait : monsieur de T··· y venait souvent ; mais il disparaissait aussitôt, & semblait craindre d'intérompre des occupations auxquelles je me livrais avec plaisir. Je ne tardai pas à lui témoigner que cette attention scrupuleuse n'était pas nécessaire. ——Chère épouse, me dit-il, je ne veux devoir vos bontés qu'à votre cœur : je suis fièr ; j'empoisonnerais ma vie, si je m'étais mis une fois dans le cas de m'apercevoir que ma présence cesse de vous être agréable. Souffrez que j'évite ce malheur, & que je vous préserve du chagrin de l'avoir causé : vous m'êtes plus chère que moi-même ; en nous unissant, le ciel me fit une loi de vous aimer, & c'est ainsi que j'aime : il n'est pour moi qu'une manière de jouir du bonheur, c'est de faire le vôtre——.

Mes chers enfans, il est beaucoup de ces maris qui veulent que leur femme offre aux regards l'image d'une épouse heureuse : que l'éclat l'environne ; que l'or & les diamans brillent sur elle ; sa parure fait partie de leur faste. Mais dans le particulier, tyrans insupportables, ils blâment avec aigreur ses actions les plus innocentes. Le monde, que les dehors seuls ont frappé, trouve ces unions heureuses. Tout-à-coup on voit éclater une scandaleuse mésintelligence : des gens mal-intentionnés ; ces mauvais citoyens qui ne sont nés que pour eux, qui fuient tout engagement honnête, en prennent occasion de déclamer contre les mariages, & leurs malheureux sophismes font augmenter le nombre des célibataires libertins. Cependant cette épouse, que le public désigne comme une furie, a souffert longtemps ; elle n'a éclaté, que lorsque les mauvais procédés n'ont plus été supportables(*).

Voila, mon fils & ma chère fille, une partie des écueils qui troublent une société instituée pour le bonheur des hommes, & dont il ne tient qu'à nous de tirer tout l'avantage qu'elle peut procurer. Il est impor-

---

(*) *Ces traits sont en partie dans les Lettres de Sancerre.*

tant

tant de faire un bon choix, & de préférer les vertus aux attraits que le temps moissone (*). Cependant, à l'âge où l'on choisit, on se laisse ordinairement surprendre par une jolie figure : les grâces tiennent lieu de vertus ; parce qu'on est sans expérience, & qu'on est enivré. Recommander à un Amant de n'avoir égard qu'au mérite, dans un nombre de jeunes Beautés hypocrites, c'est dire à un aveugle de choisir la plus belle. Mon cher fils, Hélène vous met à l'abri de ce malheur ; elle réunit le mérite à la beauté : mais lorsqu'on s'est trompé dans le choix, la faute n'est pas encore irréparable ; un homme sage, prudent, éclairé, trouvera les moyens, s'il le veut, de ramener son épouse ; la fermeté, l'amour & la patience sont des armes auxquelles la femme la plus dépravée ne saura jamais résister. Je suis la plus heureuse des épouses avec monsieur de T··· ; un autre m'eût peut-être rendue la plus infortunée : mon bonheur est son ouvrage——. C'est ainsi que la modeste Henriette s'exprimait, lorsque son mari, qui avait entendu ces dernières paroles, vint l'embrasser, & la prendre pour aller souhaiter le bonjour à monsieur de V·· : Hélène & le Marquis les suivirent.

(*) Certus amor morum est : formam populabitur ætas,
    Et placitus rugis vultus aratus erit :
  Sufficit, & longuum probitas perdurat in ævum,
    Perque suos annos hinc bene pendet amor.
        Ovidii lib. de Medicamine faciei.

IIIme Partie.   C

Le jeune de T··· devait s'occuper dans l'après-midi, fous les yeux de fon père, à vifiter des titres, pour connaître les biens de fa famille: le Comte gouvernait lui-même fa maifon; fon Intendant n'était qu'un homme à gages, qui lui aidait. Il regardait comme un indolence coupable d'abandonner à des mains étrangères le foin de fon patrimoine, & d'exifter dans le monde comme la brute, que l'on nourrit, fans qu'elle fache comment. Prêt à marier fon fils, il s'aperçut qu'il était temps de lui communiquer jufqu'à fes moindres affaires; il voulait, qu'à fon exemple, il devînt un père-de-famille économe, & non pas avare (*).

La Comteffe de fon côté, ne devait fe trouver que le foir chés fon amie, la nouvelle Marquife de M···; parce que cette Dame recevait les vifites de la famille de fon mari.

(*) Les Grands & les riches femblent avoir abandonné au refte des hommes le mérite de remplir le titre glorieux de Père-de-famille dans toute fon etendue. Ils favent à-peine en gros qu'ils ont tant de mille livres de revenus. Heureufe médiocrité! tu dédommages bien ceux dont tu bornes la fortune: eux feuls reffentent l'inexprimable plaifir de faire renaître chaque jour par d'infatigables foins, l'abondance autour d'une compagne chérie, qui leur doit tout, de jeunes enfans qui attendent tout d'eux, & qui font à leur tour l'efpérance des bons pères; eux feuls confervent encore cette dignité de maris, de protecteurs, de foutiens, de maitres aimés de leurs femmes. Mais pour ces Inutiles, dont la vie eft fans effet, qui confument fans favoir produire, ils euffent été pu-

[51]

Elle conduisit au spectacle Hélène, Léonore & Suzette; le Marquis de V** les accompagna.

Monsieur & madame de T*** regardaient le théâtre comme un délassement honnête (*), & toujours instructif, dont les personnes faites pouvaient user à leur gré: mais ils l'envisageaient sous un autre point-de vue pour les jeunes-gens; ils crayaient certaine comédies très-dangereuses. Par exemple, ils eussent desiré que, dans la distribution des Pièces, on ne joignît pas toujours à une Tragédie qui élève l'âme, *Heureusement, le Mariage forcé, le Moulin-de-Javelle*, ou *la Coupe enchantée*: on ne manque pas d'autres Pièces qui câdrent mieux, & qui ne feraient pas éprouver un contraste que peu de personnes aiment à sentir. Ce serait un règlement très-sage, & que l'on pourrait proposer, de donner un jour de la semaine, en faveur des jeunes-personnes, deux Pièces choisies dans les plus touchantes,

---

nis chés les Égyptiens & chés les Lacédémoniens : à Athènes même, il y avait une loi qui ordonnait aux pauvres citoyens de s'adonner à l'agriculture & au commerce, & aux riches de s'appliquer aux exercices du corps & à la Philosophie. L'oisiveté était intolérée comme les crimes dont elle est la mère. Nos opulens, nos Moines, nos Abbés, &c. n'eussent pas trouvé chés les Anciens, un seul gouvernement qui les eût souffert, si ce n'est à Sybaris.

(*) L'on aurait pu se dispenser de mettre cet article, depuis la publication du Tome II des *Idées singulières*, où cette matière est amplement traitée : mais je dirai comme l'Abbé de Vertot : *Mon siége était fait.*

& dont la morale eſt la plus pure ; monſieur de T··· était perſuadé qu'il en réſulterait d'excellens effets. Elles y verront les peintures ſéduiſantes de l'amour , il en convenait : —Mais que nous ſerions malheureux , diſait-il , ſi l'amour était un vice , & qu'on ne pût, ſans être coupable , jouir du plus grand bien de la vie! c'eſt l'abus de l'amour , le libertinage, qui fait connaître le crîme : les peintures les plus vives & les plus vraies de l'amour vertueux n'ont jamais égaré perſonne (1) : j'en appèle à tous les cœurs tendres ; qu'ils me diſent , ſi lorſqu'ils ont aimé un objet eſtimable , ils n'étaient pas dans ce temps même, meilleurs fils , plus ſincères amis, plus juſtes, plus compatiſſans , plus avides de la véritable gloire? s'ils n'étaient pas effraiyés de l'apparence même de la baſſeſſe (2) ?

L'amour ne gâte point un caractère heureux.

(la Gouvernante , coméd.)

---

(1)L'amour paraît ſur nos Théâtres avec des bienſéances, une délicateſſe , une vérité, qu'on ne trouve point ailleurs (M. de Voltaire, II Déd. de Zaïre). Auſſi nos grands Théâtres ſont-ils moins dangereux pour les mœurs que ceux des Baladins & des Enfans, où la mauvaiſe compagnie répond ſouvent à l'indécence des *ombres* de Pièces que l'on y donne.

(2) « Quel danger y a-t-il donc à nous entretenir d'un panchant auquel la nature nous a aſſujétis ? Quel inconvénient y trouve-t-on , ſur-tout lorſque dans l'image qu'on nous en préſente, on ne nous fait apercevoir que des traits de fidélité & de tendreſſe , autoriſés par le devoir » ?

Ainsi, ce n'est point une raison contre le Théâtre Français, de ce que les passions y sont délicieusement émues; de ce qu'il s'y trouve des situations qui laissent des traces profondes dans l'âme des jeunes-gens: ces vives impressions ne peuvent être dangereuses que pour ceux qui auraient embrassé quelques-uns de ces états que la nature abhorre, & que la raison desavoue; de ces états auxquels le préjugé & l'orgueil, plutôt que la loi divine, ont interdit l'amour. En effet, qu'une actrice charmante, me montre une tendre épouse, comme dans le *Préjugé-à-la-mode*; tous les mouvemens qu'elle m'inspire sont pour mon aimable compagne, si je suis marié, & pour celle à qui je me destine, si je ne le suis pas encore: ce n'est pas l'actrice que j'aime; son personnage me plaît, m'enchante, m'attache; c'est le burin avec lequel elle grave au fond de mon cœur en traits de flâme non sa propre image, mais les traits enchanteurs de celle que j'aime. Je sais que cela n'est pas général: il fut autrefois des gens qui adoraient la statue pour la divinité qu'elle représentait: quelques exceptions très-rares méritent-elles qu'on en parle?

Depuis qu'Hélène était sortie du couvent, madame de T··· souhaitait de lui donner le plaisir du spectacle; mais elle fut longtemps sans voir annoncer de Pièces entièrement de son goût. Enfin ce jour-là, on donnait la *Gouvernante* & la *Pupille*. Ce fut à ces deux comédies qu'Henriette n'hésita pas de conduire Hélène ainsi que ses jeunes amies , & le plaisir qu'elles leurs causèrent , la fit s'en applaudir. Dans le vif , mais tendre & vertueux *Sainville* , Hélène retrouvait son cousin : elle était *Angélique* ; c'était à elle que s'adressaient tous les sermens d'un amant fidèle ; c'était pour elle qu'étaient tous ses transports. Une mère prudente triomphait dans son cœur de l'amour même : ces jeunes Beautés entendirent que disposer de soi sans l'aveu de ceux à qui on doit le jour, est une monstrueuse ingratitude ; qu'un amant est à redouter dès qu'il se cache , & que c'est aux dépens de son propre bonheur qu'il corrompt celle qu'il aime : elles apprirent que la pudeur, la retenue font la première beauté ; & que

> Ce font les mœurs qui font la bonne-compagnie.

La seconde Pièce leur offrit un autre tableau : la vertueuse Hélène sentait qu'elle eût pensé comme *Julie.* Elle eut horreur du fat qui n'estime que lui. Qu'on fasse de l'homme raisonnable l'éloge le plus pompeux ; qu'un éloquent discours peigne les travers d'une jeunesse présomptueuse ; produira-t-on dans les cœurs l'impression durable qu'y laisse cette jolie Pièce ? Dans nombre de Comédies, l'on s'attache à faire triompher un amour indiscret des précautions d'un père sévère ou d'un tuteur intéressé : ici le Petit-maître est la dupe d'une vanité sotte , & l'homme sage reçoit la récompense de sa modestie.

La Religion condanne les spectacles : voilà le plus fort argument contr'eux, disait encore monsieur de T···, & celui qu'il faut tâcher de réduire à sa juste valeur. Sans faire une dissertation, on doit encore distinguer les différentes espèces de spectacles. On en connaissait de six sortes chez les Anciens. Ils avaient la *Tragédie*, la *Comédie*, les *Pantomimes*, les *Courses*, les *Combats du pentathle* (*) & les *Gladiateurs*. Nous n'avons retenu que les deux premières. Sous les Empereurs Romains, on eut la barbarie de donner au peuple des représentations au naturel de différens traits de la Fable ou de l'Histoire; un criminel devenait Mutius Scévola; une femme condannée à mort retraçait au milieu de l'amphitéâtre l'abominable histoire de Pasiphaé (2) : Martial (3) rapporte que le malheureux qui représentait Scévola, se laissa brûler une main avec tant de constance, qu'il allait mettre l'autre au feu, sans qu'un si cruel supplice lui eût arraché un seul cri. Faut-il s'étonner que d'une pareille école soient sortis des Caligula, des Néron, des Commode,

---

(1) Mot grec qui exprime un *Exercice* en cinq *combats*; c'était le *Ceste*, la *Course*, le *Saut*, le *Disque*, & la *Lutte*. Il est certain que le *Pugilat* en fesait partie, & quelques-uns le substituent au *Saut*, & d'autres au *Disque*.

(2) *Mart. de spect. ep.* 6. Suétone, vie de Néron, s'explique plus clairement : *Inter Pyrricharum argumenta, taurus Pasiphaen, ligneo juvenca simulachro abditam, iniit, ut multi spectantium crediderunt.*

(3) *Lib. VIII, epigram.* 79.

des Caracalla (1), des Héliogabale (2). Il n'est pas surprenant que ce dernier genre de spectacles, les combats des *Gladiateurs*, & le *Pugilat* aient été proscrits par l'Église & ses Docteurs; il ne faut qu'être homme pour en avoir horreur.

A la vérité, le plus grand des Écrivains ecclésiastiques s'élève contre les comédies licencieuses, telles qu'en avaient les Anciens: il avait raison; on ne permettrait pas aujourd'hui les pièces de Plaute (3); & Térence, le délicat Térence même n'a pu se montrer sur notre théâtre sans être épuré (4). Je ne parle pas de celles du Grec Aristophane, qui furent quelquefois des satyres de sa vertu. Parmi les Tragédies même, il s'en trouvait plusieurs que je crais repréhensibles. Elles peignaient les cruelles passions de l'orgueil & de la vengeance, sans

---

(1) Ce fils de *Sévère* tua son frère Géta dans les bras de sa mère. Il commit encore, entre mille autres, un crime que je n'ôse rapporter. *Voy. l'Hist. des Impératrices Romaines*, vie de JULIE.

(2) Ce monstre ne commettait pas une action plus odieuse & plus abominable que l'indigne spectacle de Pasiphaé, que donnèrent *Néron & Domitien*, lorsqu'il forçait de jeunes-filles à consacrer leur virginité à la monstrueuse statue de son Dieu *Elagabale*. Elles en mouraient ordinairement.

(3) Ce n'est pas même connaître le cœur humain, de penser qu'on doit plaire davantage, en présentant des images licencieuses. *M. de Voltaire, II Déd. de Zaïre*.

(4) L'Andrienne a été corrigée par le Père de la Rue Jésuite, avant d'être adaptée à notre Théâtre par Baron.

en infpirer d'horreur ; elles mettaient la vraie gloire à les affouvir. Quelques-unes renfermaient des blafphêmes contre la Divinité , comme les Tragédies d'Œdipe & de Philoctète. Le S. Docteur n'avait pas alors fur les fpectacles dont j'ai parlé , & fur les pièces des Anciens, d'autres idées que celles qui font reçues parmi nous. Eh ! comment l'Églife n'eût-elle pas interdit à fes enfans un fpectacle fi propre à éteindre en eux la charité fraternelle ? Mais je fuis perfuadé qu'une grande partie des Pièces de notre Théâtre Français euffent mérité l'indulgence d'un homme auffi éclairé que S. Auguftin. Telles feraient par exemple ,le *Mifanthrope*, le *Tartuffe*, le *Philofophe-marié*, le *Joueur* , *le Glorieux* , & tant d'autres qu'il ferait trop long de citer. Je ne parle pas de nos excellentes Tragédies: le S. Docteur eût admiré *Polieucte*, *Athalie*, *Efther* , *Mérope*. Je me rappele que le Docteur Arnauld s'étant brouillé avec le grand Racine , un ami commun entreprit de les reconcilier. Le Sorbonifte s'y prêta ; le tendre Racine n'était pas fait pour s'y refufer ; tous deux s'embraffèrent: mais Arnaud revenait toujours aux pièces de théâtre ; il ne trouvait pas que Racine montrât affez de regret de d'en avoir fait : l'ami commun lui lut la *Phèdre* , & le Docteur ne put s'empêcher de dire, que *fi toutes les pièces reffemblaient à celleslà , il n'y aurait pas de mal.* Le fentiment d'Arnaud ne peut être fufpect en cette occa-

fion. Eh! combien de Tragédies ne donne-
t on pas fur notre théâtre, je ne dis pas meil-
leures, mais que ce Docteur eut goûtées davantage peut-être?

Le Comte de T··· convenait, que ce n'était
pas-là l'unique motif du déchaînement de
certaines perfonnes contre les fpectacles &
les acteurs. Il favait qu'il en eft un autre: fa
fource eft dans un préjugé dont la caufe fut
raifonnable, mais qui a ceffé de l'être. Il n'eft
perfonne qui n'ait entendu parler des *Trou-
badours* ou *Trouvères*. Ce furent d'abord des
Poètes affez eftimés; ils fe négligèrent bientôt, & s'avilirent: ils coururent les châteaux,
pour réciter devant les Seigneurs ignorans
leurs mauvaifes rimes; ils fervaient de bouf-
fons (*); ce titre bas, & le nom de poète devinrent fynonymes. Les plus honteux defor-
dres règnaient parmi ces coureurs de profeffion, auxquels les plus grands crimes ne coû-
taient rien; Philippe-Augufte en purgea fesÉ-
tats. Ils reparurent fous fes fucceffeurs, & ce
fut alors qu'ils commencèrent à jouer des pièces dont les Saints, ou les plus auguftes Myftères
de la Religion étaient le fujet. Voila les premiers Comédiens français (2); voila ceux qu'a

---

(1) Thefpis barbouillé de lie infultait les paffans:
les Arts renaiffent comme ils ont commencé; & cela
prouve qu'on n'atteint pas tout-d'un-coup au parfait,
même en le connaiffant.

(2) Si les Pièces des Anciens étaient fouvent indécentes par l'expreffion, leurs acteurs ne s'en confor-

proscrit l'Église Gallicane (*). Ils sont aussi différens des acteurs de nos jours, que leurs insipides farces ressemblent peu aux chéfs-d'œuvres des Corneille, des Racines, des Voltaire, & des Crébillon. Cependant la flétrissure subsiste. On en est surpris avec raison : mais en réfléchissant un peu, l'on a bientôt découvert, que la *politique* d'un côté, & *l'orgueil de certaines personnes* de l'autre, en font la cause. Les gens en place appréhendent que l'éclat qui suit ce beau talent, ne séduise la jeunesse, & ne la porte à s'y livrer. Je regarde cette crainte comme chimérique & ridicule : 1.ᵒ parce que les personnes bien élevées ne seront pas tentées d'embrasser le comédisme : 2. par la raison simple & naturelle, qu'il ne peut y avoir qu'un très-petit nombre de comédiens, dans les métropoles des provinces, & que par conséquent la plus grande

---

maient pas moins dans leurs mouvemens & dans leurs gestes à la plus exacte modestie. Cicéron, dans son admirable Traité *des Devoirs*, s'exprime ainsi : *Les Comédiens ont porté si loin les règles de la bienséance & de la pudeur, que, par une loi établie parmi eux, & qu'ils observent inviolablement ils ne viennent jamais sur le théâtre, sans avoir sous leurs habits de quoi cacher ce qui ne doit jamais paraître ; ensorte que, quand leurs habits viendraient à s'entr'ouvrir, on ne verrait rien de ce qui peut blesser la pudeur.* Ces règles de décence s'observent encore plus scrupuleusement parmi nous.

( ) Rome n'excomunie pas les Comédiens : l'Église de France est plus sévère : elle excomunie les Comédiens qui respectent les mœurs & les vertus ; elle met au rang des Catholiques ceux dont le théâtre en est le fléau.

envie du monde d'embrasser cette profession
fera très-rarement satisfaite : ce ne feront que
les sujets à talens sublimes qui pourront y
parvenir : il en est si peu! d'ailleurs, l'abondance des sujets rendrait l'admission très difi-
cile ; le Public y gagnerait, & l'on n'enten-
drait jamais que des acteurs excellens,& dès-là
plus propres à graver dans les âmes l'image des
vertus que peindraient leurs rôles. L'orgueil
est la seconde cause des flétrissures du comédisme : il est des gens, qui cherchent aussi à
briller par l'éloquence & la représentation,
que les talens plus agréables des acteurs humi-
lient; la comparaison blesse leur vanité de plus
d'une manière : de-là ce déchaînement qu'on
pourrait appeler une *jalousie de métier*.

Quoique monsieur de T··· pensât de la
sorte, il savait que toutes les pièces du théâtre de la Nation (*) ne ressemblent pas au
Préjugé-à-la-mode, & qu'on y voit *Amphi-
trion*, le *Tambour-nocturne*, la *Fille-capi-
taine*, les *Trois-cousines*, le *Légataire-uni-
versel*,&c. Il eût desiré qu'on ne donnât jamais
ces pièces devant les jeunes-gens. Il n'ignorait
pas non plus qu'il se trouve dans la Capitale
un spectacle à la mode, où l'on serait heu-

____

(*) Ce mot de *Théâtre de la Nation* oblige de prévenir
qu'on entend par-là le Théâtre des Comédiens Français.
Des gens mal-intentionnés auraient pu l'appliquer au
Théâtre des Ariettes. Je distingue donc, & je nommerai
l'Opéra-comique le spectacle de la Nation *de mauvais
goût*, du goût changeant comme nos modes. Il faut être
clair.

reux de ne rencontrer que le goût colifichet;
il le regardait comme trop corrompu, pour
qu'on pût le reformer: & cela fut toujours. Il
y a cent ans qu'un homme répondait à une
coquette qui le priait de la conduire aux *Italiens*; que *cette Comédie était trop dissolue
pour les hommes, & qu'il n'y avait maintenant que les* femmes *qui ósassent s'y montrer
& rire impunément des grossièretés & des or-
dures qu'on y entendait, & qu'on ne prenait
pas la peine d'envelopper* (*). Il n'y a pas
trente ans que M. de Voltaire a dit: *On a ósé,
sur un théâtre consacré au* MAUVAIS GOUT
*& à la médisance, insulter à l'Auteur de cette
dédicace, & à celui qui l'avait reçue; on a
ósé lui reprocher d'être un Négociant.* En
1760 on imprimait: *presque toutes leurs Comédies* (des Italiens) *sont pleines d'indécen-
ces & peu susceptibles d'inspirer des sentimens
d'honnêteté.* Enfin aujourd'hui même, presque toutes les pièces nouvelles annoncent que
ce Théâtre ne s'est point corrigé. Il ne faut
pourtant desespérer de rien. On a donné sur
ce même Théâtre *Arlequin-sauvage*, & l'on
y voit *Lucile & Silvain*.

Monsieur de T ··· regardait l'Opéra comme l'école des Arts qu'on y voit briller: la

____

(*) *Réfl. sur les mœurs de l'Ab: Belleg.* Je trouve ceci bien
dur, & je suis loin de penser sur le compte du beau-se-
xe comme *Bellegarde.* De plus quelques-unes des Pièces
qu'on donne aujourd'hui sur le Théâtre Italien sont
charmantes, & plusieurs de ses Acteurs dans les deux
sexes, sont, par leurs talens, audessus de tout éloge.

Musique & la Danse méritent d'occuper les loisirs d'un honnête homme; mais elles ne doivent lui servir que de délassement. Il ne redoutait pas autant qu'on le croirait la morale *sybarite* & doucereuse de la plus grande partie des pièces qu'on y représente: il disait qu'elle était peu dangereuse, parce qu'on ne la prenait que pour des chansons; & que les passions des Dieux de la Fable, des Fées, & des autres personnages chimériques, ne fesaient aucune impression durable. On se prête un moment à l'illusion des prodiges; & l'on oublie, dès que le spectacle cesse, les dieux, leurs amours & les machines qui les ont reportés dans l'olympe (1). Il n'en ferait pas de même si les maximes que débite Apollon ou Jupiter se trouvaient dans une comédie, & qu'elles sortissent de la bouche d'êtres semblables à nous; la musique ne ferait que les insinuer plus profondément. Je termine cet article du théâtre (2), déja trop long pour un

---

(1) C'est la faute du genre: l'Opéra n'est qu'à son enfance: le premier de ces drames qui sera bon, sera le chéf-d'œuvre de l'esprit humain.

(2) Il y a une Déclaration de Louis XIII, du 16 Avril 1651, qui ordonne, *qu'en cas que les Comédiens règlent tellement les actions du théâtre, qu'elles soient toujours* EXEMPTES D'IMPURETÉ, *il voulait que leur exercice, qui peut innocemment divertir ses sujets de diverses occasions mauvaises, ne leur puisse être imputé à blâme, ni nuire à leur réputation dans le commerce public.* Un état autorisé par le Prince n'a rien d'avilissant: un état qui joint l'agrément à l'instruction, doit être considéré.

ouvrage comme celui-ci , en difant que les dangers auxquels on pourrait lui reprocher de nous expofer , fe trouvent dans tous les cercles : chés un particulier , on rencontre comme là des objets féduifans , l'on peut même les entretenir avec plus de liberté ; & je ne vois nulle-part la vertu briller comme là des plus vives couleurs. Mais revenons à mademoifelle de T···.

Hélène quitta le Théâtre plus tendre pour fes parens & pour le Marquis. Elle ne vit dans la pratique de fes devoirs qu'un moyen infaillible de devenir plus eftimable & plus digne d'être aimée ; prix flateur, & qui n'eft jamais fans pouvoir fur une âme honnête.

La Comteffe de T···, en fortant du Théâtre , fe rendit chés madame de M···. Monfieur de T···, le Maréchal , leurs fils, & le Comte de Saint-A·· arrivèrent un inftant après : le Vicomte paraiffait trifte : il dit quelques mots à Léonore, qui lui communiquèrent l'air fombre qu'il avait en entrant. Le jeune Marquis de T··· leur en fefait la guerre. Madame de M··· lui demanda grâce pour eux. —Savez-vous bien, lui dit-elle que leur mariage eft retardé ? monfieur le Maréchal & mon père l'ont voulu, à caufe de notre deuil. —Pardonnez, ami , dit le Marquis au Vicomte qui s'approchait ; je ne connaiffais pas votre malheur. —Mais voyez, répondit le jeune Amant, comme tout confpire contre moi ; je vois le bonheur, je l'atteins, & fur le point

d'en jouir, il m'échappe——. Madame de M···
le confola ; ——Ce retard ne fera pas long,
reprit-elle ; j'ôfe vous en répondre : crayez
qu'il m'eft auffi pénible qu'à vous ; & que je
vais tout employer pour l'abréger.... Vous
foupirez, vous ne m'écoutez pas ?... Dou-
tez-vous de mon amitié ? ——Oh ! non, ma
charmante amie, repliqua le Vicomte : mais...
——Mais vous ferez unis plutôt que vous ne
penfez——. En achevant ces mots, madame
de M··· les quitta, & paffa dans le cabinet
de fon mari.

Monfieur le Marquis de M··· n'avait pas
encore paru ; il venait de recevoir un paquet
de la part du Miniftre ; en fortant de fon cabinet avec fa femme, il annonça que ces
lettres avançaient le jour de fon départ, &
qu'il n'en avait plus que quatre dont il pût
difpofer. C'était une fineffe de madame de
M···, pour fervir Léonore & le Vicomte.
Cette obligeante amie en prit occafion pour
engager fes parens & le Maréchal à lui procurer la fatisfaction de voir le mariage de fa
fœur ; ce qu'elle obtint fans peine : il fut dé-
cidé qu'on ne différerait que de deux jours.
Ce changement rendit la joie aux jeunes A-
mans : mais la certitude de l'éloignement
prochain de fa nouvelle amie, affligea ma-
dam e de T··· qui lui laiffa voir la peine qu'elle
en r effentait : madame de M··· répondit à cet
atta chement fincère par les preuves touchan-
es de la plus grande fenfibilité : enfuite elle

apprit à la Comteffe qu'à la vérité monfieur de M··· ne pouvait refter à Paris plus de quatre jours; mais que leur départ n'était pas auffi proche, puifque fon époux devait aller à Verfailles une femaine entière, avant de paffer en Angleterre, & de-là à fa deftination. ——Cependant, reprit madame de T···, il faudra nous quitter, & pour longtemps——! Madame de M··· ne lui répondit que par un de ces regards expreffifs, qui en difent davantage que les plus tendres difcours.

D'un autre côté, mademoifelle de T··· félicitait Léonore fur un changement d'autant plus agréable qu'il était inefpéré. Suzette qui vint auprès d'elles, ne les empêcha pas de s'entretenir de leurs amans. Quel plaifir auraient éprouvé le Vicomte & le Marquis, s'ils euffent pu les entendre! La naïve innocence formait mille projets pour rendre digne d'envie le fort des Époux. Suzette elle-même, malgré l'indifférence de fon caractère, parut les écouter avec plaifir: elle contraignait pourtant le fourire qui venait embellir fa bouche mutine..... Heureux mille fois le jeune-homme qui s'enflâme pour une Beauté dont l'âme eft auffi tendre que pure! Lorfque cette aimable fille eft feule, elle penfe comment elle fera la félicité de fon amant; s'il lui furvient une compagne, elle l'entretient de ce qu'elle fe propofe de faire pour plaire à fon amant; lors même qu'elle fommeille, l'effaim voltigeant des fonges ne lui préfente que le bonheur de fon amant.

[66]

Dans cet intervalle, le Comte de T··· caufait avec fon fils. Le jeune Marquis lui montra les mêmes difpofitions, qui le matin
avaient mérité l'approbation de fa mère, &
dont fa coufine avait été fi touchée : elles fur-
prirent le Comte bien agréablement, & lui
firent comprendre que la paffion qu'infpirait
Hélène, était telle qu'il le falait. Il prit fur-
le-champ une réfolution fort fage, qu'à fon
retour il communiqua à monfieur de V··.
Après avoir dit au père de fon époufe combien le Marquis était devenu digne de leur
tendreffe, il propofa de le faire voyager pendant deux ans, afin de former fon efprit, &
de lui montrer, non les villes & les édifices,
mais les hommes de chaque contrée. Auffitôt
le cœur de monfieur de V·· s'enflâme ; fans
faire reflexion fur fon âge avancé, il s'offre
d'être le conducteur de fon petitfils. ——Eh-
bien ! monfieur, lui dit le Comte, nous irons
tous - trois : mon père & mon fils me font
également chers ; je ne quitterai ni l'un ni
l'autre. Nous commencerons par l'Angleterre, où nous pafferons avec monfieur de
M··· qui doit y féjourner quelque temps ; de-
là nous pourrons nous rendre en Efpagne ou
dans l'Italie— Comme il achevait ces mots,
le Marquis parut : le Vieillard court aude-
vant de lui, l'embraffe, en lui donnant d'effufion de cœur ces bénédictions que le ciel
fe plaît à ratifier.

Il ne s'agiffait plus que de faire goûter ce

projet à la Comtesse de T···. Monsieur de V·· la prit en particulier pour la pressentir. D'abord l'idée d'une séparation la révolta : mais les raisons que son père fit valoir, ne pouvaient manquer leur effet sur un esprit aussi raisonnable. Elle se rendit enfin ; à condition que le mariage du Marquis précéderait ce long voyage. Elle pria même qu'on changeât quelque chose au projet; c'est-à-dire, qu'aulieu d'employer les deux années de suite, les Conducteurs & leur Élève reviendraient à Paris à lafin dela première; y passeraient l'hiver, & ne repartiraient qu'au beau temps, pour aller visiter les autres États de l'Europe.

Tout étant disposé de la sorte, sans parler à mademoiselle de T··· du voyage projeté, le Comte & la Comtesse lui dirent, qu'ils ne voulaient pas remettre à un autre temps son mariage avec son cousin. La satisfaction d'Hélène perça le voîle de sa modestie, & fit connaître à ses parens, qu'elle n'avait approu la délicatesse du Marquis, que par un effet de cette résignation & de ce courage que donnent la raison & la vertu.

Le jour suivant, lorsque madame & mademoiselle de T··· furent chés la Barone d'E···, elles trouvèrent Léonore & ses sœurs occupées des préparatifs du mariage qui devait se faire le lendemain. La Comtesse leur apprit que celui de ses enfans n'en serait éloigné que de quelques jours. Cette agréable nouvelle augmenta la commune joie ; mais elle intéressa particulièrement Léonore : elle sentait davantage son bonheur depuis que celui d'Hélène était avancé. Madame de M···, en s'entretenant avec la Comtesse de T···, lui témoigna combien elle approuvait qu'on assurât la félicité du Marquis & celle d'Hélène, que tant d'accidens imprévus auraient pu troubler. La Comtesse soupira. ——Eh ! quoi ! mon aimable amie, reprit vivement madame de M···, auriez-vous quelques chagrins ? ——Mais ce mariage, dit madame de T···, on ne l'avance, que parce qu'on va les séparer. ——Que dites-vous, reprit madame de M···? les séparer !... & pourquoi—? Alors la Comtesse lui confia la résolution qu'on avait prise de faire voyager le Marquis, sous la conduite de son père & de son ayeul, & de passer en Angleterre avec monsieur l'Ambassadeur de ***. Madame de M··· transportée, sans pouvoir trop bien définir encore le sujet de sa joie, embrassa son amie, en lui disant : ——Mon dieu ! se pourrait-il—?... Elle ne s'expliqua pas davantage : mais après un moment de réflexion, elle fonda là-dessus l'exécution d'une idée qu'elle eût regardée comme extravagante un instant auparavant. En effet, madame de M···, en apprenant que le mariage d'Hélène va se faire, & que le Marquis doit laisser aussitôt après une épouse jeune, belle, adorée, regarda l'exécution de tout cet arrangement comme beaucoup plus difficile

qu'on ne le penſait; & dans ſa tête, elle dé-
cida qu'il falait que la Comteſſe & la nouvelle Marquiſe fuſſent du voyage. Mais revenons au mariage de Léonore & du Vicomte.

Ces deux amans viennent d'être unis : la joie
de monſieur le Maréchal ne peut s'exprimer :
monſieur de V** & le Comte de T*** la reſſen-
tent preſqu'auſſi vivement que lui ; ces noces
ſont l'image de celles qu'on doit célébrerdans
quelques jours. Pour le jeune Vicomte, ſon
caractère étant la tranquillité, l'accompliſſement de ſes deſirs le fait jouir de ce calme
deſiré, dans lequel ſeul il peut trouver le bonheur. Dès le premier jour, on voit la ſécurité
des maris ſuccéder à l'inquiétude des amans.
Mais à meſure qu'il montre plus d'aſſurance,
Léonore ſemble en avoir moins ; leurs rôles
changent. La jeune épouſe, modeſte, timide & tendre n'en voit rien : elle ne ſent que
l'amour. ——Laiſſez - vous aimer, ſemble-t-
elle dire, & je ſuis heureuſe——. Je quitte
cette matière, parce que je dois parler dans
la ſuite des effets du mariage ſur les différens
caractères que j'ai fait paſſer ſous les yeux du
Lecteur.

Madame laComteſſe de J**,que nous avons
perdu de vue depuis longtemps,parut voir a-
vec des yeux d'envie l'ivreſſe&la félicité de ſa
ſœur; ou plutôt la joie que l'attachement, les
ſoins, les égards du Marquis feſaient briller
ſur le viſage d'Hélène, portèrent le trouble
dans ſon faible cœur. Elle devint triſte & rê-

veufe. La Comteffe de T··· fit attention à cet abattement de madame de J·· : elle chercha l'occafion de fe trouver feule-à-feule avec elle. ——Vous ne fentez pas nos plaifirs, madame, lui dit-elle? mon amie, auriez-vous de nouveaux chagrins? Si vous me crayez digne de votre confiance, daignez m'ouvrir votre cœur : vous m'êtes chère, oui, madame, auffi chère que fi vous étiez ma fille. ——Des fentimens auffi obligeans me pénètrent, madame, répondit Juliette ; ils font dignes de vous : mais les mérité-je! ma refpectable amie, que vous gagnez à être connue! ah! fi cette Juliette qui vous chérit, eût pu vous ouvrir fon cœur, lorfqu'un funefte égarement.... ——Oublions ces temps de trouble, mon aimable fille, intérompit la Comteffe de T···; daigne les oublier ; ils ne peuvent qu'abattre ton courage, en affligeant ton âme ; il faut des bornes aux remords : prends de plus juftes fentimens de toi même, par amitié pour moi, qui ne puis voir la rougeur qui couvre ton front, fans éprouver une peine plus grande que tu ne faurais l'imaginer. Mais fi tu as quelques chagrins, confie-les à celle qui fe regarde comme ta mère : elle va les partager, les faire ceffer peut-être ; car, tu le fais, ma fille, de quoi l'amitié ne vient-elle pas à-bout? ——Eh-bien, madame, voyez toute la faibleffe de cette femme que vous aimez : vous lirez deformais dans mon cœur mieux que moi-même,.... leur bonheur.... mon amie, il ne m'afflige pas ; mais il eſt plus grand que le mien, & je ſuis triſte, ſans pouvoir m'en défendre. Ah! que leur ſort eſt digne d'envie! ma vertueuſe, ma reſpectable conductrice, raſſurez ce faible cœur qui s'égarerait peut-être encore ſans vous... comment eſt-il donc fait ce cœur, qui malgré moi ſe révolte? çe que je viens de voir l'a percé comme un trait : une dangereuſe ivreſſe, des deſirs tumultueux viennent de le troubler ; tout cela m'effraiye en vous le racontant : mon caractère m'épouvante : dès qu'un objet plus aimable s'offre à mes yeux, j'aï honte de recevoir l'hommage d'un autre : que je ſuis mépriſable! je me hais...daignez me ſauver de moi-même : une malheureuſe paſſion.... elle renaîtrait dans mon cœur, elle y renaîtrait ſans eſpérance, ſi vous ne me ſoutenez ; ſi vous ne m'en faites rougir.... mon amie, ne m'abandonnez pas! ... Mais vos yeux ſont moins doux ... vous allez me haïr? —Moi! te haïr, ma Juliette! ... je t'admire, & je te plains. Chère & malheureuſe femme, ce n'eſt point un crîme d'avoir des deſirs que l'on combat ; c'eſt au-contraire une occaſion de faire briller la vertu. Mais que la gloire que l'on acquiert à les vaincre coûte cher! *Il eſt plus doux d'aimer que de vivre :* quel ſuplice de combattre un panchant qui eſt en nous, en faveur d'un devoir accidentel qui eût pu ne pas être! le premier eſt le vœu de la nature ; l'autre n'eſt que l'ouvrage des hommes : il faut un cœur comme celui de mon amie , pour remporter une si grande victoire avec de si faibles armes... ——Comme l'amitié est ingénieuse !... je le vois madame ; vous regardez le découragement comme le plus grand mal , & vous cherchez à réveiller la vanité au fond de mon cœur : quelle manière obligeante de me soutenir ! ——Ma chère fille , ce motif ne doit pas être le seul : il en est encore deux autres , tous les deux fondés sur notre propre intérêt : le premier , c'est que cette manière d'être heureux , en suivant nos passions , n'est ni certaine ni durable : le second , & le plus terrible , c'est qu'elle est suivie du remords—. Madame de T*** apprit ensuite à la Comtesse de J** le projet de faire voyager le Marquis. Elle essuyait quelques larmes qui coulaient encore , lorsque le Comte de Saint-A** vint auprès d'elles. Il dit aux deux Dames que mademoiselle de T*** , madame de M*** & Suzette les attendaient dans le jardin. Elles s'y rendirent sur-le champ.

Hélène était un modèle de décence & de retenue , dans ces divertissemens trop libres qui accompagnent les mariages , & qui souvent sont funestes à l'innocence (*) : elle entraînait ses amies , & s'en éloignait avec

____

(*) Il faut en dire autant des bals , assemblées folles, divertissemens ridicules ; & de plus , licencieux, corrupteurs, qui portent dans l'âme le dégoût des devoirs, germe de tous les desordres.

elles

elles, pour fuir, autant qu'il était possible, l'impertinent petit-maître, le galant doucereux, & le vieillard cynique. La suffisance & la fatuité des premiers révolte ; la fadeur des seconds ennuie & fatigue ; les derniers affichent l'impudence, & salissent l'imagination. Est-ce donc ainsi que la vieillesse s'efforce aujourd'hui de mériter notre vénération ? Une honnête gaîté, ou plutôt encore une gravité séante, marque respectable de la maturité, voila ce qu'ils doivent nous montrer. Mais, pour la plupart, lorsque le vice les abandonne, & que la réalité fuit, ces nouveaux *Ixions* embrassent encore son ombre, & portent dans de jeunes cœurs la corruption dont ils ne doivent pas profiter. Cependant il en est qui méritent nos hommages & notre respect... O ! sages vieillards, qui comptez plus de vertus que d'années, vous êtes les vivantes & vénérables images de la divinité. Périsse le jeune-homme qui manque à ce qu'il vous doit, qui ne vous rend pas les mêmes honneurs qu'aux auteurs de ses jours, & qu'il prétend pour lui-même, lorsqu'il approchera du terme de sa carrière !

Madame de M···, depuis qu'elle espérait d'engager la Comtesse de T··· à faire le voyage de Londres, montrait plus d'enjouement, & goûtait davantage tous les plaisirs. Le mariage de Léonore accompli, versait dans son cœur la satisfaction & la tranquillité : elle avait une amie dont l'intimité rendait sa si-

*III.*ᵐᵉ *Partie.*   D

tuation délicieuse. ——Voyez combien je suis heureuse, disait-elle à madame de T···. Cependant ma félicité pourrait craître——. La Comtesse la regardait. ... ——Oui, continua madame de M···, elle augmenterait, si l'on nous donnait l'assurance que nous ne nous séparerons pas. ... ——Vous demandez ce que je desire, mais vous demandez l'impossible. Laisseriez-vous partir monsieur de M···——? Adelaïde sourit: ——Non, madame; mon époux m'est nécessaire. Mais laisserez - vous partir monsieur de T··· & le Marquis——? La Comtesse interdite, ne put répondre.

Durant cet entretien, Hélène & ses compagnes s'étaient éloignées : madame de T···, en allant les joindre, fit remarquer à madame de M··· le Comte de Saint-A·· sur les traces de Suzette, qui semblait le fuir. Elle avait déja prévenu son amie sur les dispositions du Comte; elle la pria de favoriser cette union. ——Saint- A·· est tendre; il l'est trop peut-être, disait madame de T··· à son amie: il fera le bonheur de Suzette; il l'adorera; ils font dignes l'un de l'autre——. Madame de M·· remercia la Comtesse de l'intérêt qu'elle prenait à l'établissement de sa sœur. Elle l'assura qu'elle disposerait ses parens en faveur de monsieur de Saint-A··, si l'antipathie que Suzette laissait voir pour le Comte, ou plutôt pour tous les hommes, venait à cesser. En-même-temps elles firent signe à Suzette de les attendre. Monsieur de Saint-A·· leur parut fort triste; le dépit éclatait fur fon vifage. Madame de M··· prit fa fœur en particulier, pour la gronder, & madame de T··· s'approcha du pauvre Comte Il ne diffimula pas qu'il venait d'éprouver les dédains les plus marqués : mais il ajouta, qu'il ne defefpérait pas néanmoins d'être fouffert un jour ; parce que, malgré les rigueurs dont Suzette l'accablait, il ne s'apercevait pas qu'elle évitât l'occafion de le voir. ——Je defire d'autant plus le bonheur d'être à elle, continua-t-il, qu'il fera votre ouvrage, & que cette alliance convient à mon père : votre fuffrage feul la lui ferait fouhaiter ; mais il connaît en outre le mérite de mademoifelle d'E···. M.r de P···, madame, eft un père tendre, qui n'a jamais commis d'autrec rîme que de m'aimer trop.... Je fuis tout pour lui ; il me facrifierait tout : le récit de la manière dont ma mère & lui fe font comportés envers leurs enfans, vous en convaincra, fi vous voulez m'accorder quelques heures pour l'entendre. C'eft fon affection, madame, qui l'égara : il n'avait pas fur l'honnêteté des mœurs, ces fages principes que monfieur le Comte de T··· m'a fait aimer, en me les fefant connaître : j'avouerai, que c'eft avec juftice que vous n'entendez fon nom qu'avec indignation... Madame, il me difait hier, qu'il reconnaiffait tout fon tort, & que vous l'aviez forcé de croire à la vertu des femmes. Il ne demande que la permiffion de venir vous montrer fon profond refpect, &

il se flate d'obtenir son pardon. ——Je ne le hais plus, reprit madame de T···, dès qu'il pense de la sorte; vous pouvez l'en assurer.

De son côté, la belle Suzette fesait le petit lutin avec sa sœur : elle détestait le Comte; elle disait que le récit de madame de T··· le lui représentait comme un monstre audacieux, infiniment haïssable : & comme il s'avançait de leur côté, elle voulut s'éloigner. Madame de M··· lui représenta que cette conduite était indécente ; elle insista sur le tort qu'elle se ferait en refusant un parti avantageux, qui avait l'approbation de toutes les personnes sensées ; qui d'ailleurs était jeune, bienfait, tendre.... ——Oui, tendre à la fureur, interrompit Suzette ! je ne veux pas être aimée si fort : je le trouve odieux de s'attacher à moi.

——Dans ce cas, mon amie, je vais le remercier de l'honneur qu'il nous fait. ——Il n'aura pas de peine à prendre son parti : la complaisance pour quelqu'un l'attache à me tourmenter—... Des larmes qui suffoquaient presque la belle irritée, persuadèrent à madame de M···, qu'il falait différer encore. En effet ce petit cœur si fier, était peut-être tout près de sa défaite ; & c'était précisément ce qui lui donnait tant d'humeur. Madame de M··· calma sa jeune sœur par ses caresses : elle lui vanta les qualités de son amant, & l'assura qu'elle serait heureuse avec lui : elle la pria de s'en rapporter à l'amitié : Suzette parut ébranlée : la sœur prit ce moment pour la ramener vers madame de T··· & monfieur de Saint-A··. ——Mon cher Comte, dit elle à ce dernier, c'eft moi qui vous prie de ne pas vous décourager : j'aime cette chère fœur : elle eft la plus jeune de nous : je l'ai vu naître ; je fuis pour elle une feconde mère : je lui ordonne de vous traiter avec les égards que vous méritez, ou je me brouille avec elle. ——Vous me defefpérez, répondit Suzette——. Madame de T··· dit tout-bas au Comte, qu' elle lui confeillait de n'employer auprès de fa maitreffe que des manières polies, point trop affectueufes ; de la voir tous les jours, mais très-peu de temps. Ces avis furent goûtés de madame de M··· ; qui dit en riant à fon amie, qu'elle voyait bien qu'il ne ferait pas néceffaire qu'elle lui recommandât Suzette jufqu'à fon mariage, fi les deffeins qu'elle formait étaient trompés : car, ajouta-t-elle, fi la fille la plus vertueufe, lorfqu'elle aime, a befoin de fecours, plus encore contre fon propre cœur, que contre fon amant, celle qui hait, eft en parfaite fécurité.

Cependant les deux amies réfolurent d'aller trouver monfieur & madame d'E···, pour les prévenir, & les difpofer en faveur du Comte. Leur réponfe fut telle que le jeune Amant pouvait la defirer : & dès le jour même le Comte de P··· vint autorifer l'attachement de fon fils : monfieur & madame d'E···, fans s'embarraffer des répugnances de Suzette, arrêtèrent avec monfieur de P··· ce nouveau mariage, qui se fit pendant le voyage de Londres.

L'amour est si puissant sur tous les cœurs qu'on attaque par lui, que la vertueuse Comtesse ne pouvait se défendre de mettre le plus tendre intérêt dans tout ce qui regardait un homme qui l'avait aimée: mais cet intérêt presqu'involontaire était innocent; elle savait lui donner un but légitime, que toute l'austérité du devoir ne pouvait improuver. Voila ce qui la rendait si empressée à tourner vers un autre objet ce cœur qu'elle avait attendri. Hommes honnêtes (c'est à vous seuls que je m'adresse) n'attaquez jamais celles pour qui l'amour serait un crîme; car si cette Beauté n'est fortement prévenue par un autre amant, il est impossible qu'elle résiste à l'amour: jamais, jamais, quoi qu'on en dise, une âme sensible qui s'attache à l'indifférence, ne manqua de l'échauffer; c'est la loi de la nature: *Aimez, vous serez aimé.*

Dans cette occasion, on vit peut être pour la première fois, une maison noble & peu favorisée de la fortune, marier avantageusement quatre filles. La première richesse, c'est la bonne éducation: elle ne peut néanmoins aller seule: la beauté dans les femmes, ou tout au moins l'art de la remplacer par des grâces, est absolument nécessaire; mais ces deux avantages suffisent: rendez vos filles autant estimables par leurs vertus, qu'aimables par les qualités & les talens; sur-tout ne les confinez pas dans un monaſtère, où l'on n'ira pas les déterrer : gardez-les chés vous ; veillez fur elles avec foin, en les voyant toujours lorſquelles font ſeules, par les moyens indiqués dans ces Mémoires. Il ſe trouvera d'honnêtes gens qui connaîtront le prix de de la nobleſſe unie à la vertu, & qui préféreront une compagne aimable, douce, honnête, économe, & leur égale, aux faſtueuſes héritières d'un Partiſan, d'un millionnaire engraiſſé du ſang des peuples, & chargé des malédictions de tout un royaume.

Tandis que ces arrangemens ſe feſaient chés monſieur d'E··, madame de T··· & madame de M··· ſe rendirent à la prière que le jeune Comte leur renouvela d'entendre l'hiſtoire de ſon éducation : elles en étaient doublement flatées, en ce que, d'un côté, ce récit augmenterait leurs lumières ; & que de l'autre, il donnerait à Suzette qui devait l'entendre, une idée du caractère & du mérite de celui qui allait être ſon époux. On choiſit donc un endrait convenable, pour ne pas être intérompus, & monſieur de Saint-A·· prit la parole, qu'il adreſſa toujours à madame de T···.

<hr>

HISTOIRE *du Comte de* SAINT - A ··.

« COMME vous le ſavez, madame, je ſuis fils du Comte P··· & de Charlote B··, la même dont monſieur le Maréchal a parlé, en-racontant les avantures de monfieur de M···. L'immenfe fortune de ma mère, fut fans-doute, autant que fon mérite, la caufe du choix fubit qu'en fit mon ayeule pour fa bru ; peut-être ce motif fit-il autant d'impreffion fur mon père ; il m'a lui-même avoué que la médiocrité de fa fortune l'avait fi fort gêné dans fa jeuneffe, qu'il n'avait différé de fe marier jufqu'à l'âge de quarante ans, que parce qu'il cherchait une époufe qui lui donnât l'opulence. Il trouva dans ma mère tout ce qu'il pouvait defirer : beauté, richeffes, attachement, foumiffion ; le feul défaut qu' eût cette femme refpectable, était peut-être trop d'ambition : fon père ne voulait plus d'un gendre de qualité ; le modefte Négociant fe propofait de fe renfermer dans fon état : fa fille au contraire voulait un tître, comme fa fœur, & fut fi bien fe fervir de la tendreffe que fon père avait pour elle, qu'elle l'amena au point qu'elle defirait.

La Comteffe de P··· n'avait pas regardé la perfonne de fon époux, dans le choix qu'elle en avait fait : auffi n'appréhendait-elle rien des mépris dont fon père l'avait menacée ; elle fe préparait à foutenir l'inconftance même de monfieur de P··· fans fe plaindre. Un jour elle lui tint cet étrange difcours : —Monfieur, je fais ce que vous avez fait pour moi : toute ma vie j'en ferai reconnaiffante : mais je fuis bien loin de croire que, pour les faibles avantages que je vous ai apportés, un homme de qualité se doive tout entier à une femme audessous de lui ; je connais assez le prix d'un sang noble, pour ne pas m'imaginer l'avoir payé : soyez donc parfaitement libre, c'est-à-dire, ne redoutez ni plaintes ni reproches : tout ce que je vous demande, c'est un héritier de votre sang & de votre nom : je respecterai comme vous même ce gage précieux ; croyez que je l'éleverai dans la juste idée de ce qu'il devra à sa naissance, à la gloire de sortir de vous, & qu'il ignorera toujours la source basse de sa fortune. Il est vrai que vous l'avez annoblie, mais c'est aux yeux des autres ; aux miens, je ne suis que votre première servante ; vous êtes mon maître, mon souverain ; je me contente d'un sort moins doux que celui de ma sœur ; il n'est pas même nécessaire à ma félicité ; un fils que je vous aurai donné, sera ma seule gloire, & tous mes plaisirs. Voila, monsieur, quelles sont mes dispositions sincères & durables ; tel sera le fondement de ma conduite envers vous, & de la manière dont j'envisagerai toutes vos actions——. Elle se tut. Le Comte surpris, l'embrassa les larmes aux yeux, en lui jurant une tendresse à toute épreuve.

Je vins au monde la première année de leur union. Ma mère me nourrit, & donna successivement pendant le cours de sept années une fille & un second fils à son mari. Notre éducation employa tous ses momens.

La Comtesse, persuadée que parmi la bour-
geoisie, l'on gâte les enfans par trop de douceur, prit avec nous une route toute opposée;
& sous prétexte de corriger les imperfections
que le mélange de son sang avec celui d'un
homme de qualité, pouvait nous avoir com-
muniquées, elle nous traitait avec beaucoup
de rigueur. Cependant elle nous aimait jusqu'à l'emportement, & vous en aurez, madame, bientôt des preuves.

La conduite de ma mère à notre égard,
nous rendit timides, dissimulés, méchans:
ces défauts ne la frappèrent pas d'abord. Je
grandissais. L'on parla de m'eloigner de la
maison paternelle. Ma mère me choisit un
gouverneur rigide, dont elle excita la dure-
té, persuadée qu'on ne pouvait en avoir trop,
parce qu'elle ne pensait pas qu'elle pût trop
m'aimer. Ce motif fait maintenant impression sur moi; dans le temps de ma première
jeunesse, il m'était inconnu, & je haïssais
une excellente mère, mais trop imprudente.
Mon éducation eut très-peu de succès: j'ap-
prenais mal; on ne m'épargnait guères les
corrections; je m'endurcis, & ma mère qui
s'en aperçut, en conçut un violent chagrin,
mais sans changer de système. J'eus alors recours à la dissimulation: j'employai mille
petits stratagêmes, pour me parer de la scien-
ce des autres, & pour gagner par des flateries
mon implacable Gouverneur. Tout cela ne
me réussit guères, mais mon caractère en
souffrit.

Mon jeune frère & ma sœur, avec qui l'on suivait le même plan, en furent aussi les victimes. A quatorze ans ma sœur voulut renoncer au monde, desespérée de la tyrannie qu'on exerçait sur elle; on s'y opposa. Mon frère devint un caractère indomptable, qu'on fut obligé d'abandonner à lui même: mon père le mit dans le service; il fut blessé mortellement dans une action à l'âge de douze ans, n'étant encore qu'Enseigne dans le Régiment de... Avant de mourir, il écrivit à la Comtesse les dispositions où nous étions par rapport à elle. Ce fut un double coup pour cette sensible mère. Elle changea sur le champ du tout en-tout; & son indulgence surpassa ses rigueurs. Mais il était trop tard, & la seconde nous fut aussi préjudiciable que les premières. Je quittai le collége pour revenir à la maison paternelle. Ma sœur que je n'avais pas vue depuis six ans, était embellie au point que je fus ébloui de ses attraits naissans. Un sentiment trop doux se glissa dans mon cœur naturellement tendre; j'adorai Clémentine, non comme une sœur, mais comme une amante. Cependant je fus longtemps sans connaître de quelle nature étaient mes sentimens pour elle. De son côté, ma sœur éprouvait le même panchant. Un jour nous étions seuls; Clémentine me laissait voir une langueur touchante; au fond de mon cœur, je sentis des desirs: ils me firent horreur. Je la quittai, résolu de me fortifier des conseils de ma mère contre une passion criminelle. J'allai la trouver, & déposai dans son sein mon horrible secret. Mais aulieu des reproches que j'attendais, ma mère ne fit que me plaindre: elle m'exhorta mollement à me surmonter. Bien plus, ayant appris notre attachement mutuel, elle craignit de nous chagriner en nous séparant: le feu s'alluma de-plus en plus; enfin peu s'en falut qu'il ne consumât la plus faible; Clémentine tomba dans une maladie de langueur, dont sa jeunesse ne la sauva, que pour la déterminer à s'ensevelir vivante dans une autre espèce de tombeau; elle prit le voîle, & se nomme aujourd'hui sœur *Sainte-Th····*; vous la connaissez, madame, sous ce nom. La raison & la religion la soutinrent toujours, mais elle ne saurait s'empêcher de pleurer sa liberté.

Je souffris plus que la mort en perdant ma sœur, & je n'aurais pas survécu à notre séparation, sans les moyens que ma mère employa pour me consoler. Jamais rien de plus tendre ne peut exister dans la nature. Je me rétablis un peu. Mais il n'était pas de jour que le sacrifice de Clémentine ne me fît verser des larmes. Je vous ai fait entendre, madame, de quelle manière la Comtesse envisageait la noblesse & la roture: elle croyait cette dernière entièrement faite pour satisfaire les passions de la première, pour servir à sa conservation, comme à sa gloire. C'est d'après cette idée que, malgré l'honnêteté de son cœur, elle n'héfita pas à facrifier l'innocence d'une jeune-perfonne au rétabliffement de ma fanté, & de mon enjouement naturel. Une pauvre femme, voifine de l'hôtel, avait une fille parfaitement bien-faite, & dont la figure provocante offrait l'affemblage des Grâces & des Ris. Ma mère la demanda, la forma durant quelques femaines, fans que je la vîffe, lui donna des maîtres dans tous les arts agréables; enfin après l'avoir inftruite de ce qu'elle exigeait d'elle, en attachant à la réuffite une groffe récompenfe, elle la conduifit auprès de moi.

Cette jeune-perfonne fut d'abord à-peine remarquée d'un homme accablé, qui n'avait éprouvé l'amour que pour en rougir. Mais infenfiblement je m'accoutumai à la voir, & la Comteffe étant une fois venue fans l'amener, j'en demandai des nouvelles; ma mère fortit auffitôt, & me l'envoya. Laurette (c'eft le nom que ma mère lui donna, au lieu de celui de *Javote F··* qu'elle portait) fe rendit feule auprès de moi, s'affit à côté de mon lit, & me tint d'agréables difcours. Comme j'ignorais ce qu'elle était, & l'emploi dont elle était chargée, je fus reconnaiffant des difpofitions qu'elle me montrait, & je commençai à trouver un véritable plaifir dans fon entretien. J'allai beaucoup mieux. Ma mère charmée, encourageait Laurette par des préfens & des careffes; & comme elle ne voulait pas que je m'épriffe d'une belle paffion,

elle ne ceffait de lui recommander de la complaifance. D'après ces ordres réitérés, Laurette me fit des avances ; j'y répondais : mais
par une bizarrerie que je ne conçois guères,
cette jeune-fille m'infpira les fentimens que
j'aurais dû avoir pour Clémentine. Je l'aimai
comme ma fœur.

Cependant je lui dus le rétabliffement de
ma fanté : le goût que je pris pour elle me
rendit fenfible aux amufemens & aux plaifirs
de mon âge. J'eus même la force de voir
Clémentine fans danger. Mais dès que ma
mère ne craignit plus pour mes jours, il fem-
bla que la douleur de la perte de fes autres
enfans n'avait été que fufpendue ; nous la
vîmes changer à vue-d'œil : enfin nous l'a-
vons perdue.... Ces larmes que je répands,
font l'éternel tribut que je dois payer à fa
cendre....

Laurette continua de refter auprès de moi ;
cette jeune-fille, ne fe voyant plus de fur-
veillante, crut alors qu'elle pouvait tout ôfer,
& prétendre au titre de mon époufe. Elle a-
vait acquis les manières aifées des femmes de
qualité ; fes heureufes difpofitions avaient été
cultivées ; ainfi l'on peut dire qu'elle était
extrêmement féduifante Je ne fais donc pas
ce qui en ferait arrivé, fi je n'euffe fait pour-
lors la connaiffance de monfieur le Marquis
de T···, qui me procura l'entrée d'une
maifon où je trouvai toutes les perfections
réunies.

Celle que j'aimai mille fois plus que ma vie était mariée : à la première vue, elle m'ôta ma raison ; toute mon âme vola vers elle, & je ne fus plus qu'un être sans force, sans volonté propre, qui recevait son impulsion d'elle seule. Je ne sais si j'espérai d'abord de m'en faire aimer ; je ne me connaissais guères dans les commencemens de ma passion ; un seul de ses regards me rendait parfaitement heureux. Souffrez, madame, que je vous fasse son portrait. Elle n'est plus dans la première jeunesse ; mais elle a conservé toute sa beauté ; son teint annonce des passions modérées ; ses yeux expriment une bienveuillance que je pris d'abord pour de la tendresse ; elle est faite à ravir ; sa main est belle ; son piéd digne de Cypris ; sa démarche noble, aisée, remplie de grâces : son sourire transporte, enchante ; le son de sa voix remue l'âme, intéresse le cœur ; son esprit est orné, amusant : en un mot, je ne vois dans le monde que vous, mesdames, qui puissiez l'égaler.

J'étais donc heureux d'aimer, sans même songer à l'être : mais cet état délicieux n'était pas fait pour durer : l'objet de mes vœux m'accueillait ; je m'enhardis, j'ôsai former des desirs, & ma félicité disparut ; je devins triste, inquiet ; bientôt mon état me fut insupportable. Cependant celle que j'aimais m'inspirait tant de respect, son extérieur annonçait tant de vertu, que je n'ôsais laisser paraître une passion qui me consumait. Ce fut dans cette crise violente que je pris mon père pour confident. Loin de m'exhorter à combattre ma passion, le Comte de P··· m'embrassa, & me dit, qu'il concevrait de moi les plus hautes espérances, si je parvenais à toucher celle que j'aimais. ——Cette Dame, me dit-il, est plus que personne capable de vous former : ce n'est pas une femme comme il en est tant ; jamais la moindre faiblesse n'a terni sa réputation ; tâchez de réussir avec elle ; vous serez le premier & l'unique ; c'est un beau triomphe : tout l'honneur que lui a fait sa sagesse jusqu'à-présent passera sur vous ; elle n'en aura plus rien ; vous seul paraîtrez un prodige de mérite——. Ces motifs n'étaient pas ceux qui m'encourageaient ; j'aurais voulu être aimé, mais je désirais encore plus que l'objet dont j'étais idolâtre conservât toute sa gloire. Le Comte m'ouvrit sa bourse. Il alla jusqu'à corrompre lui-même une des femmes de celle que j'aimais : il choisit les présens que je devais faire ; il m'indiqua la manière ; en un mot il paraissait avoir cette affaire plus à cœur que moi-même. En mourant, ma mère lui avait prescrit cette conduite, après s'être accusée de sa première rigueur, comme d'une faute irréparable. Mais j'attaquais une vertu trop vraie : tout fut inutile.

Avant de vous rendre compte du dénoûment, je vais revenir un moment à Laurette, connue aujourd'hui dans le monde sous le nom de la F··. Cette fille voyant qu'elle n'avançait rien auprès de moi par la conduite réservée qu'elle affectait depuis la mort de ma mère, crut devoir s'expliquer plus clairement. Un jour, en sortant de table, elle me proposa de faire un tour dans le jardin : nous y descendons : c'était au printemps ; les douces fleurettes qui tapissaient une molle pelouse nous invitèrent à nous asseoir. Laurette prit avec moi ses anciennes libertés ; ses caresses étaient vives ; j'y répondais : elle crut entrevoir le moment favorable de s'expliquer. Elle m'avoua qu'elle m'aimait plus qu'elle-même ; elle me jura une éternelle constance, & me pressa de lui faire le même serment. Je soupirai. Quelques momens de silence, employés à me recueillir, furent suivis d'une confidence de l'état de mon cœur ; je lui cachai seulement le nom de l'objet de mon amour. Cet aveu fut un coup-de-foudre pour Laurette. Mais elle dissimula, joua les beaux sentimens & s'offrit de me servir : *Contente*, me disait-elle, *d'assurer mon bonheur, de quelque manière que ce fût.* Cependant j'ai su depuis, que cette fille, conseillée par sa mère, ne cherchait qu'une fortune. Aussi, dès qu'elle n'eut plus l'espoir de me subjuguer, sur-tout après que mon père m'eut instruit devant elle de sa naissance, elle tourna ses batteries d'un autre côté, & tâcha de se faire épouser par le Comte de P··· lui-même. Mais s'il l'eût acceptée pour maitresse, il se garda bien d'en vouloir pour sa femme. Après

quelques intrigues dont je ne vous entretien-
drai pas, madame, elle fit connaiſſance du
Comte de Q··, dont elle eſt aimée aujour-
d'hui, & qui paraît ſe fixer à elle tout-à-fait.

J'ai dit que tout fut inutile auprès de celle
que j'aimais. Le peu de ſuccès porta ma paſſion à l'extrême. J'eus recours à mille moyens,
même des plus odieux, pour réuſſir. On parla
d'une femme qui compoſait des philtres:
quoique je n'euſſe jamais ajouté foi à cette
charlatanerie, ma paſſion m'aveugla juſqu'à
recourir à cette malheureuſe ; la femme-de-
chambre gagnée par mon père , en fit boire
à ſa maitreſſe dans ſon thé; elle en mit dans
ſes flacons , en aſperſa ſon linge , ſes habits.
Je portai à la prétendue magicienne de très-
belles boucles d'oreilles & de ſouliers , ſur
leſquelles elle prononça des paroles extraor-
dinaires , que probablement elle inventait ,
& je les fis ſubſtituer à celles dont ſe ſervait la
Beauté cruelle que j'adorais: vains attentats!
ſa vertu triompha non-ſeulement de ces opé-
rations magiques , mais de l'amitié , bien
plus puiſſante , qu'elle m'avait toujours té-
moignée.

J'étais deſeſpéré : les tranſports de ma fu-
neſte paſſion me portèrent juſqu'à ôſer atten-
ter ſur celle que j'adorais : par le ſecours de
ma Confidente , je paſſai pluſieurs nuits dans
ſon apartement , après que ſa femme-de-
chambre lui avait fait prendre quelque choſe
qui devait l'aſſoupir. La première fois , lorſ-

que je m'approchai d'elle, je tremblais si fort,
qu'il me fut impossible de lui toucher. Je me
contentai de baiser les habits qu'elle avait
quittés : la seconde, je ne fus guères plus har-
di ; mais la troisième, j'ôsai lui ravir un baiser. . . J'étais bien loin, comme vous voyez,
de pouvoir accomplir l'affreux dessein que
ceux qui me servaient dans ma démarche me
supposaient : non : j'en jure devant l'Auteur
de mon être, jamais je ne l'ai conçu parfaitement.... Mais je rougis de vous raconter ces
égaremens de mon cœur.

Je fus découvert : je connus mon sort ; le
mépris ... Je ne pus le supporter ; je voulus
mourir. Mon père au desespoir, me promit
un dernier effort : il ôsa m'assurer qu'il était
immancable : il me trompait... Mais la visite
de celle que j'aimais ; celle du respctable
mortel auquel elle est unie, ne me trompè-
rent pas. Ils me tranquillisèrent. Cependant
quel état, que le vide affreux que j'éprouvai !
je n'ai pas vécu, j'ai langui jusqu'à la visite
que je rendis il y a quelque temps à madame
de T··· : c'est de ce jour que mon tourment a
cessé : & ce serait d'aujourd'hui que je me crai-
rais le plus heureux de tous les hommes, si
la belle personne en qui je vois toute la beauté du premier objet qui me charma, toute
son amabilité, sa candeur, réunies aux vertus
de la dernière dont j'ai parlé, voulait m'accorder ce que je n'ai trouvé dans aucune d'elles, la légitimeté, l'innocence de la plus vive

paſſion: c'eſt d'elle ſeule que je puis & que je veux
l'obtenir. Oui, madame, (*dit-il à Suzette*) croyez que celui qui met ſon bonheur dans l'eſpoir
d'être à vous, n'oubliera jamais qu'il vous
devra plus que ſon exiſtance, l'exemption du
remords & la felicité… Puis-je croire que les
ſincères aveux que je viens de faire, ne vous
indiſpoſent pas davantage contre moi ? J'ai
voulu que vous luſſiez dans mon cœur ».
——Monſieur, répondit Suzette, vous êtes un
homme étrange! en vérité… Donnez-moi
du moins le temps de me décider. Mes ſœurs
& madame de T··· ſont pour vous: mon
cœur eſt d'un parti contraire, je vous l'avoue
tout bonnement : cependant ſi vous me plai-
ſiez, je voudrais vous voir les ſentimens que
vous eutes pous la dernière que vous avez
aimée ; que vous craigniſſiez de montrer une
paſſion dont l'idée me révolte : ſi l'on m'aime,
qu'on ſe taiſe, & je trouverai ſupportables
ceux qui ne me le paraiſſent guères : je veux
de la réſerve ; mais j'en veux beaucoup, beaucoup : … comme vous en aviez pour la Comteſſe. ——Pour la Comteſſe ! reprit monſieur
de Saint-A··, ——Oh ! je ſais bien ce que je
dis, continua Suzette, & je n'aime pas plus
les ſoupirans que madame de T···——. A ces
derniers mots, le jeune Comte demeura con-
fus & rougit. Mais l'air enjoué de la Comteſſe
de T·· le raſſura bientôt. Elle intérompit
Suzette, pour lui dire que le cas était bien
différent, & qu'elle feſait gloire d'avoir été

tendre, lorsque monsieur de T··· l'avait re-
cherchée en mariage. La jeune d'E··· montra
de l'impatience, & la Comtesse ne pourfuivit
pas. Mais cette Dame & la Marquise de M···
ne purent s'empêcher de dire au Comte de
Saint·A·· mille chofes obligeantes fur le récit
qu'il venait de leur faire.

Les jours qui s'écoulèrent entre le mariage
de Léonore & celui d'Hélène, ces deux fidel-
les amies ne fe quittèrent pas. Elles fe com-
muniquaient leurs plus fecrettes penfées: la
félicité dont jouiffait Léonore dans fon nou-
vel état, ces plaifirs inconnus, d'autant plus
doux qu'on les donne à ce que l'on aime, la
tenaient dans l'enchantement. Regrette qui
voudra le trifte privilége de prétendre à toutes les Beautés, & de n'avoir de droits fur
aucune : le bonheur que la Religion & les
Loix nous affurent, eft, comme tous les autres biens que les hommes policés & réunis
fe font procurés, infiniment audeffus des
prérogatives de l'homme fauvage.— *Qu'im-*
porte que cet inflinct qui naît en nous malgré
nous-même, & qu'on nomme de l'amour,
difait un jour madame de T···, foit un fenti-
ment factice, s'il eft exclufif ; fi lorfqu'une
fois nous avons choifi l'objet le plus digne de
nous attacher, il eft en-même-temps durable?
Eft il quelque plaifir plus doux que celui de
prétendre feul aux faveurs d'une femme aimée!
de pouvoir à tout-moment jouir de la fociété
de cette belle compagne ! de ne rien poffédér

qui ne ſoit commun avec elle! d'être ſûr que tout ce qui nous touche l'intéreſſe plus vive-ment que nous-même! de ſe dire: Voila la moitié de mon âme: voila celle qui s'occupe toujours de moi; pour laquelle je ſuis un Dieu protecteur; celle qui ne penſe à moi, que pour m'aimer toujours plus tendrement! je ſuis l'objet de ſes complaiſances affectueu-ſes, comme elle l'eſt elle-même de toutes mes préférences! *Le cœur de tout honnête-homme treſſaille à la ſeule idée qu'il ſe forme de cette félicité. Mais en s'engageant, qui peut répondre de penſer toujours de même? l'hom-me n'eſt pas immuable comme l'Être ſouve-rain: l'amant qui jure une conſtance éter-nelle, eſt un homme ivre, qui penſe ce qu'il dit, mais ſur la parole duquel il ſerait peu ſage de ſe fier... Jeunes Épouſes*, ajouta-t-elle avec effuſion de cœur, c'eſt de vous; oui, de vous ſeules que dépend la conſtance de votre mari. Je l'ai déja fait entendre à mes enfans, dès qu'on eſt uni à ce que l'on aime, on ſe hâte de ſe raſſaſier de plaiſir; on en émouſſe le goût; on en tarit bientôt la ſource. Eh! l'on s'étonne de n'avoir plus de deſirs! l'objet le plus charmant, lorſqu'ils ceſſent, ſemble perdre la moitié de ſes grâces; il eſt toujours le même; mais il n'a plus ce charme que lui prêtent nos deſirs plutôt que ſes attraits. Mo-dérez la fougue d'un jeune impétueux: óſez vous dérober à ſon empreſſement, lui faire attendre & borner ſes plaiſirs: ne ſouffrez pas *que l'habitude & la routine lui donnent le bonheur : que les prières, les tendres reproches, les larmes même vous trouvent quelquefois inflexibles ; & cependant montrez que vous êtes touchées, attendries ; mais faites-lui comprendre que son propre intérêt vous défend de condescendre. Voyez ce favori du dieu de la treille, qu'une légère ivresse rend le plus heureux des hommes ; à chaque verre qu'il avale, son âme ressent une exultation délicieuse ; une seule bouteille le fait nager dans la volupté ; mais si, ne sachant pas se commander à lui-même, il en demande une seconde, les roses dont il était couronné se fanent, & l'amertume succède au plaisir——.*

Hélène, dans le particulier, fit part à son amie des conseils qu'elle avait reçus de sa Tante quelques jours auparavant : Léonore les suivait, & monsieur de Th··, naturellement ami du bien, tendre par tempérament, goûtait assez cette conduite. Peut-être même, de la façon dont il pensait, qu'il eût tout fait pour la rendre heureuse, quand il ne l'aurait pas aimée : il est des caractères, qui sont heureux de la félicité des autres ; qui n'ont rien en propre, pas même leur manière d'être : tel était le Vicomte ; on jugera de ce qu'il fesait, étant passionnément épris : si l'amour prescrivait d'immoler son bonheur à l'objet aimé, il n'aurait pas hésité. Mais laissons cette délicatesse, que trop de personnes regarderaient comme chimérique ; ce qu'un ancien Philosophe dit de l'amitié (*) , est beaucoup plus vrai de la première & de la plus noble des passions.

Hélène & Léonore admettaient souvent le Marquis dans leurs plus secrets entretiens, & quelquefois madame de Th··· lui parlait à l'oreille. Hélène qui remarquait du mystère dans ces *à-parte* , voulait savoir ce qu'ils avaient dit. ——Vous l'apprendrez un jour, répondait Léonore——. Mademoiselle de T··· insistait : ——Eh-bien ! il me dit qu'il t'adore & que jamais amour ne fut aussi vif , aussi pur, en un mot égal au sien (si ce n'est pourtant celui de mon époux) : il me dit qu'Hélène & son bonheur... il me parle de plaisirs... de peines... de privations ... que sais-je ! ... En vérité, mon amie , je t'assure qu'il a raison dans tout ce qu'il dit ... & que moi , je t'aime de toute mon âme ——. Elle étudait , par ce desordre affecté , d'instruire sa jeune amie de ce qu'elle devait encore ignorer.

Il arrivait aussi que le Marquis & le Vicomte usaient de supercherie , dans la vue de pénétrer au fond du cœur de celles qu'ils avaient tant d'intérêt de connaître parfaitement. Il n'est pas toujours bon, il n'est pas même prudent d'en user ainsi : mais l'am ant & l'époux n'eurent pas ici lieu de se repentir de cette inconsidération ; car ils étaient aimés plus qu'ils n'eussent ôsé le croire. Ils entendirent toutes les petites finesses auxquelles on se proposait d'avoir recours pour leur rendre

______

(*) C'est un champ que l'on sème , *dit Epicure.*

les

les amusemens ordinaires plus piquans. Elles devaient, par la plus élégante parure, éviter que leurs époux ne trouvassent une femme mise d'un meilleur goût; rendre leur maison le séjour le plus agréable par les plaisirs innocens qu'elles devaient y faire naître, qu'elles voulaient y varier à l'infini; déguiser leurs chagrins, partager ceux de leurs maris, ne respirer que pour eux... Le jeune de T··· dit à son vertueux ami: —Quelle reconnaissance ne leur devons-nous pas! ta Léonore & mon Hélène possèdent les vraies, les seules vertus de leur sexe. Quelles femmes respectables? si toutes les épouses leur ressemblaient, l'âge d'or reviendrait sur la terre. Puissent pour jamais disparaître du milieu de nous ces prétendues Héroïnes de la pudeur, qui s'imaginent être plus pures en renonçant au glorieux titre d'épouses & de mères! Un aveugle fanatisme les précipite dans l'erreur: respectées des enthousiastes, elles font l'admiration d'un petit nombre de fous; mais elles n'ont jamais travaillé pour leur bonheur, ni pour celui de personne: elles ont rendue inutile l'existance que le Père-de la-nature leur avait donnée: mon ami, s'il est des femmes qui méritent la vénération de l'univers, ce ne peuvent être que celles qui pensent comme les nôtres; la vraie chasteté consiste à dédaigner le plaisir, simple accessoire, pour ne s'occuper que du terme. Eh! qu'est-ce que la pudeur, cet attrait le plus puissant d'une

*III.*ᵉ *Partie.*   E

femme honnête, sinon la modératrice de l'amour? On se fit une loi de l'inspirer au sexe des grâces, pour marquer le respect, la vénération profonde que l'on doit au vœu de la Nature. Oui, cet Acte saint, bien loin de nous dégrader, de nous avilir, de nous faire descendre au rang des brutes, comme il se trouve quelquefois des gens qui entreprennent de l'insinuer, sans le croire, cet Acte saint, dis-je, nous rapproche au contraire de la Divinité, à laquelle nous ressemblons par la faculté de reproduire ce qu'il y a de plus parfait dans l'univers, l'homme. Lorsque les grâces & la beauté d'une femme ont fait naître les desirs, la pudeur les règle & les meurit: elle est la gardienne de la chasteté. Oh! mon ami, combien n'avons-nous pas de preuves que les seules femmes chastes, sont ces mères-de-famille, dont mille desordres honteux n'ont pas même souillé l'imagination, & dont le mari n'a point à rougir en voyant un autre homme——! Cette idée que le Marquis avait de l'amour était juste: mais elle n'est pas vraie pour tous les hommes: & l'anathême prononcé si souvent contre cette passion, est légitime à l'égard d'un certain nombre.

Depuis que le Marquis de T*** menait une conduite réglée, il s'en falait bien qu'il dépensât l'argent destiné à ses amusemens. Quel usage en fera-t-il? Né au sein de la richesse & de l'abondance, il peut ne pas connaître combien il y a de malheureux qui gémissent dans le besoin. Monsieur le Comte de T···prit soin de l'en instruire. Deux jours avant le mariage, ce père vertueux le fit appeler. —*Mon fils*, lui dit-il, *vous cherchez à vous rendre digne de la main d'Hélène par l'exercice des vertus : Hé-bien! mon ami, il en est de deux sortes : les unes ont de l'éclat, font un grand nom, parce qu'ordinairement elles servent le Public : d'autres sont obscures, ignorées ; elles obligent le particulier. Les premières sont assez recompensées par la gloire qui les suit : l'honnête-homme & le méchant peuvent également les pratiquer. Les autres font le partage du juste ; lui seul fait le bien pour bien faire : il faut commencer par celles-ci, mon cher Marquis. L'humanité peut se diviser en trois classes : la première nage dans l'abondance, & souvent abuse de son superflu : la seconde a ce qu'il faut ; c'est ordinairement dans cette partie du genre-humain que se rencontrent le plus de mérite, les vertus, les talens : la troisième manque du nécessaire, ou ne l'obtient que par un travail rude & continuel : c'est à ces malheureux qu'appartiènnent de droit le superflu de la première classe & les consolations de la seconde. Mais des gens qui n'ont jamais connu l'indigence & la misère, ne savent pas combien il est douloureux & cruel d'en être accablé ; comment seraient-ils sensibles dans autrui à des maux dont ils n'ont pas l'idée? Ainsi donc, abandonnés de leurs frères qui regorgent de biens,*

ne profitant pas des leçons que leur donnent
les hommes vertueux qui vivent dans la médiocrité, les pauvres, réduits au defefpoir,
tombent fouvent dans le crîme ; ils périffent
fur l'échafaud, ou languiffent dans les pri-
fons. Des hôpitaux, que mille abus rendent
moins un azile qu'un trifte tombeau, attendent ceux qui, fans être criminels, ont été
pourfuivis par le malheur, ou n'ont pas ufé
d'une certaine économie. Dans les campagnes,
l'on trouve de pauvres vieillards, à la merci
d'enfans dénaturés, réduits à manger un pain
amèr, arrofé de leurs larmes. J'en ai vu,
courbés fous le poids des années, fe rendre
avec peine dans les champs qu'ils avaient
abandonnés à leurs fils, s'y traîner à genoux
pour les cultiver, & fouffrir à la fin d'une
longue & pénible carrière, des maux qui leur
étaient inconnus. Il en eft de plus malheureux
encore, même au fein des villes : Mon fils,
celui qui fait choifir parmi ces miférables
ceux à qui fes dons feront utiles, & qui les
répand avec difcernement, celui-là fert tout
le genre-humain : il délivre les riches d'ennemis toujours prêts à les piller, en-même temps
qu'il fait des citoyens, de ceux que leur extrême pauvreté rendait inutiles à l'État. Il fait
tomber fur les derniers jours d'un père malheureux la confolation & quelques rayons de
joie. O mon fils ! avez-vous quelquefois vu
le pauvre étendu fur fon grabat, où il attend
la mort, voyant (ô comble de la douleur)

ſes enfans conſumés de beſoin, prêts à le ſuivre ? quel homme eſt à leurs yeux celui dont la main bienfeſante vient les ſauver !.. mon cher fils ! croyez-vous que les bénédictions que lui donneront alors ces bouches deſſéchées, dans leſquelles il fait ceſſer le gémiſſement, ne ſoient pas ratifiées de l'Être des êtres ? croyez-vous que ces yeux dont ils ont tari les pleurs, & qui ſe fixeront alors vers le ciel dans un délicieux attendriſſement, n'attirent pas ſur lui les regards protecteurs du Père commun des hommes ? Mon fils, mon cher fils ! qu'ils ſont à plaindre, ceux qui ne croient pas que la ſuprême Vertu recompenſe la vertu——! Le Marquis embraſſa ſon père avec tranſport : —O ! monſieur, lui dit-il, quel bonheur pour moi d'être vôtre fils ! Oui... je les ſuivrai, ces ſages avis : ils feront la règle de ma conduite... Mon père... Hélène & moi... vous verrez un jour que nous ſommes dignes de vos bontés. ——C'eſt le plus doux de mes deſirs, & le vœu que tous les jours j'adreſſe au Ciel, mon fils, répondit le Comte——. Il continua ſes conſeils. ——On donnait autrefois chez un peuple magnanime une couronne à celui qui ſauvait la vie d'un citoyen: cet honorable uſage n'eſt plus ; le prix de la vertu ne dépend pas du caprice des hommes : méritez des couronnes, mon fils, ſans regarder ſi l'on en donne encore. Mais, cher Marquis, ſi vous étiez ſeulement avide de gloire, & que la beauté de la vertu ne lui ſuffit pas pour se faire aimer ; apprenez que la bienfesance vous méritera le respect des bons, & la considération des méchans. Voila les hommes, mon ami ; partisans du vice, ils avalent, ainsi que le dit un grand Roi, l'iniquité comme l'eau : mais la vertu daigne-t-elle se montrer ? ils l'admirent : un scélérat, les mains encore teintes du sang de son frère qu'il vient d'égorger, s'agenouille, & tend ses mains criminelles à la Clémence qu'il ose implorer. . . . . Faites du bien, cette route vous est ouverte. Vous allez être heureux : que votre bonheur, comme un astre bienfesant, répande une douce chaleur, & porte son agréable lumière jusque dans la retraite obscure de l'indigent & de l'orfelin. Voila, mon fils, comme il faut devenir digne de votre félicité & du cœur d'Hélène. Le temps viendra que vous joindrez d'autres vertus à la pratique de celles-ci : mais ne négligez jamais ces dernières ; elles constituent l'honnête-homme. Je vous ouvre ma bourse ; ne craignez pas d'y puiser : plus de vingt ans d'économie ont augmenté ma fortune : je serais coupable, si je la fesais craître davantage : un seul homme doit-il donc tout engloutir ? j'ai voulu que vous dussiez quelque chose à ma bonne conduite : j'ai racheté deux terres que nos ancêtres avaient aliénées ; c'était un devoir, je l'ai rempli : desormais je consacrerai quelques-uns de mes revenus au soulagement de mes semblables : une partie de ces dons, mon cher Marquis, paſſera par vos mains ; vous donnerez, mais ce ſera de mon bien ; & vous emploierez les vôtres à vous acquitter envers vos enfans de la même obligation que je m'é-tais impoſée pour vous. Vous pouvez devenir le père d'une famille nombreuſe : dans ce cas, les premiers pauvres ſeront vos cadets & vos filles : vos aumónes devront alors être modé-rées : car c'eſt une action abominable, auſſi indigne de l'honnéte-homme que du chrétien, de ſe repoſer du ſort de ſes enfans ſur des biens donnés à l'Égliſe pour le ſoulagement des pauvres, & malheureuſement devenus l'ali-ment du luxe, une occaſion de ſcandale, & l'opprobre de la Religion. Mon fils, que vos enfans ne doivent leur établiſſement qu'à vous-même, à vos ſoins paternels, à votre ſage économie. Il me reſte un mot à vous dire, ſur ceux que les coutumes de l'État font nommer nos vaſſaux : O mon fils ! je n'ai jamais en-tendu de la bouche du Cultivateur le nom de Seigneur ſans rougir. Un homme, le Seigneur d'un homme ! le Souverain ne l'eſt pas en Europe, ſur-tout en France ; il eſt notre père, notre chef, & non pas notre Seigneur. Mon cher fils, le père d'Hélène & le vôtre n'ont ja-mais uſé des droits que leur donnent la con-ſtitution de l'État, que pour l'avantage de ces hommes, dépouillés autrefois par la tyrannie de la propriété pure du ſol ſur lequel ils étaient nés. C'était à eux qu'appartenait la terre : nos ancêtres, mon fils, ne furent que des *uſurpateurs qu'annoblirent l'aveuglement, la barbarie & le beſoin qu'eurent les Rois de leurs ſervices. Si nous voulons être juſtes à nos propres yeux, nous ne pouvons trop nous dépouiller de ce que nos droits ont d'odieux: n'allez donc jamais établir ſur l'habitant des campagnes ces Gardes qui les tourmentent, & leur ôtent le droit de ſe défendre des animaux qui ravagent des champs, leur unique eſpérance: que chacun ſoit libre, maître chés lui; qu'en vous voyant, l'on vous chériſſe; que l'on regarde votre vie comme un préſent des cieux, & votre mort comme une calamité publique—.* Monſieur de T⋯avait encore bien d'autres Inſtructions à donner; mais la Comteſſe & la jeune Hélène étant entrées, il ceſſa d'entretenir ſon fils pour ſortir avec elles.

Il s'agiſſait de faire à mademoiſelle de T⋯ les préſens ordinaires. Sa Tante lui deſtinait une partie de ſes diamans, outre ceux de Louiſe qu'Hélène avait déja; ſon oncle voulait encore lui donner quelque choſe de nouveau, & lui laiſſer la ſatisfaction de choiſir elle-même. On parcourut différentes boutiques; mademoiſelle de T⋯ fit attention au prix qu'on demandait, ne trouva rien à ſon goût, & pria ſa Tante de remettre ces achats au lendemain. Le Comte fut ſurpris du procédé de ſa nièce: ——On ne ſaurait être parfaite, diſait-il à ſon épouſe, lorſqu'ils furent de retour: elle eſt difficile; elle aime la parure plus que je ne l'aurais cru: il faut la ſatisfaire : si notre chère Hélène n'avait pas cette nuance de faiblesse, elle serait trop audessus de ses pareilles——.

Hélène, en rentrant, avait dit à Justine de l'avertir lorsque madame de T··· serait seule : dès qu'elle l'eût appris, elle se rendit auprès de sa Tante. ——Chère maman, lui dit elle, monsieur le Comte veut me donner des diamans, des bijoux, mille choses inutiles, puisque vous m'avez abondamment pourvue de tout cela : j'étais curieuse de voir à quelle somme ces présens pourraient monter, & comme mon aimable papa serait fâché que je le refusasse, je vous prie de lui dire qu'il m'obligera de me donner l'argent qu'il aurait employé pour moi-. La Comtesse dissimula combien cette demande de sa nièce l'étonnait. Elle passa dans l'appartement de son mari, & rapporta l'ordre de prendre à monsieur Desforets leur Intendant, une somme plus forte que celle qu'Hélène avait demandée. En le recevant, mademoiselle de T··· quitta sa Tante ; elle envoya Justine prier son Cousin de se rendre auprès d'elle ; il vint sur-le-champ ; elle ne lui dit qu'un mot, & le laissa, pour retourner auprès de la Comtesse, avec laquelle elle s'entretint d'un air plus enjoué qu'elle ne l'eut jamais.

Le reste du jour, le Marquis s'absenta : le lendemain, veille de son mariage, on ne le vit qu'à dîner. Cette conduite parut d'autant plus extraordinaire, que depuis longtemps il

ne fortait qu'avec fa mère & fa coufine. Monfieur le Vicomte de Th·· & fon époufe ne
vinrent que le foir. Hélène, malgré l'éloignement du Marquis, confervait toujours la
même gaîté. Lorfqu'il fut de retour, monfieur & madame de T··· obfervèrent que leur
nièce lui dit quelque chofe à l'oreille d'un
air qui marquait beaucoup de fatisfaction.
On leur laiffa le temps de s'entretenir, pour
s'occuper de mille foins inféparables du tu-
multe des mariages. Monfieur de V··, en cette
occafion, avait paru d'une activité furpre-
nante : il voulait fe charger de tout : l'allé-
greffe dont fon cœur était rempli, lui rendait
fa première vigueur. Ce fut lui qui courut à
Verfailles, informer le Souverain de l'union
des deux héritiers de la maifon de T···.

Le Comte & la Comteffe, après avoir donné
leurs ordres, venaient de rentrer dans leur appartement, lorfqu'ils virent paraître leur fils,
conduifant Hélène par la main. Ces deux aimables enfans tombèrent aux genoux de leurs ref-
pectables & vertueux parens : ils leur rendirent
les actions-de-grâces les plus touchantes des
foins paternels qu'ils avaient reçu d'eux : ils leur
demandèrent pardon des peines qu'ils leur a-
vaient caufées, & les fupplièrent de bénir l'u-
nion qu'eux-mêmes allaient former. La Comteffe relève Hélène, la prend dans fes bras, &
verfe des larmes de joie. Le Comte n'était
pas moins attendri. Il conjure l'Être fuprême
de répandre fes dons précieux fur fes enfans.

Il souhaite à Hélène toutes les vertus de Louise & celles d'Henriette ; il prie le ciel de la combler de toutes les bénédictions que lui donna son père... Le souvenir du Chevalier, dans ce moment d'une union qu'il avait ordonnée, fit couler les larmes du Comte. —*Pour vous, mon cher fils*, dit-il au Marquis, *puissiez-vous ressembler à votre oncle, à votre ayeul, & jouir d'un bonheur semblable à celui de votre père-!* (Les yeux humides du Comte se fixèrent sur Henriette, sur cette épouse accomplie, qui le rendait heureux). ——Mon père, dit le Marquis, mon respectable père, daignez y joindre le souhait de vos vertus. ——*Mon fils*, reprit le Comte, *je te donne Hélène ; sois digne d'elle, & tu les posséderas toutes.... Lève-toi, mon ami*, continua-t-il ; *viens à côté de ton père : vous, ma chère fille, placez-vous entre votre époux & votre mère. .... Mes chers enfans, ma joie, ma consolation, ma félicité, je vous conjure par la tendresse que je vous ai toujours montrée à tous-deux, de répandre sur ce qui nous reste de jours, l'allégresse & la sérénité : pour le faire, vous n'avez qu'un seul moyen ; daignez être heureux. ....*

Hélène, ma chère, mon aimable fille ; vous êtes belle, vertueuse, tendre ; je vous confie aujourd'hui le bonheur de mon fils ; le nôtre & le sien seront votre ouvrage. Voyez cette compagne que le ciel m'a donnée dans sa bonté ; elle a répandu sur tous les instans de ma vie un charme inappréciable : elle fut belle ;

elle l'est encore ; mais le Père-des-hommes m'est témoin, que depuis que je la connais parfaitement, sa beauté, ces grâces touchantes que je retrouve en vous dans tout leur éclat, ne sont pas ce qui me l'a fait chérir : Ah ! ma fille ! daigne t'en souvenir ; ton père te le dit par ma bouche ; la beauté passe, & la vertu reste.....

Et vous, mon cher Marquis, n'oubliez jamais, que c'est un dépôt sacré que je vous remets : il me fut confié par un frère chéri, un frère expirant.... Il trouva la mort en me sauvant la vie. C'est à son sang qu'il m'a sacrifié que nous devons tous-deux, ô mon cher fils ! le bonheur de nous donner cet embrassement...... S'il ne m'eût pas aimé plus que lui-même, vous ne me nommeriez pas à-présent votre père ; je ne vous nommerais pas mon fils.... Laisse couler ces larmes, ô mon ami ! laisse-les couler ; ne t'efforce point de les dérober à ma vue ; la source en est si noble !.... Mon fils, que tout ce que nous lui devons de reconnaissance se réunisse sur sa fille : chérissons-la, respectons-la ; la lumière dont nous jouissons, nous la devons à son père : il n'est plus, c'est pour nous qu'il n'est plus ; la dette est à elle....

O ! Hélène ! fille du plus vertueux des hommes, du plus tendre des frères, & de la plus respectable des épouses, combien de fois, en retrouvant leurs traits chéris sur ce visage, le chéf-d'œuvre de la Divinité, ne me suis-je *pas caché pour répandre des larmes, & payer le tribut de tendreſſe & de douleur que m'impoſe leur cher ſouvenir——!*

La Marquis était encore dans les bras de ſon père; les ſanglots l'étouffaient. Mais Hélène!... jamais on ne l'avait entretenue de ceux à qui elle devait le jour d'une manière ſi étendue. Elle ſe pancha ſur le ſein de ſa ſeconde mère, qu'elle inonda de ſes larmes; ——Mon aimable fille, lui dit le Comte, modère ta douleur par pitié pour nous——.... LeMarquis embraſſait ſes genoux. —Hélène!.. lui dit cet amant; &la parole expire. Son attendriſſement ne lui permit pas d'articuler un mot. Mademoiſelle de T··· s'inclina vers lui; leurs lèvres brûlantes ſe rencontrèrent. —Fille ſenſible & tendre, s'écrie le Comte, je n'ai paſſé jamais un ſeul jour ſans vous eſtimer davantage——.

Lorſqu'Hélène fut remiſe, monſieur de T···exécuta le projet qu'il avait formé, de donner à ſes enfans,en cette occaſion,des Inſtructions que l'importance de la matière lui avait différer juſqu'alors. ——*Mon fils*, dit-il au Marquis, *j'attendais que le calme des paſſions vous mît en état de m'entendre.... Mes enfans, vous avez un autre père que moi, qui l'eſt de la Nature entière : ſon nom eſt la Bonté : il faut le ſervir pour lui-même, & l'aimer dans nos ſemblables; je crois que toute autre manière de l'honorer ſerait vicieuſe: mais l'eſprit des enfans, ſouvent incapable de con-*

cevoir des choses affés communes , ne faurait goûter & fe nourrir de certaines vérités de la Religion , qui, par leur nature , doivent être l'aliment des hommes faits : *Mes chers enfans, les génies les plus élevés ne peuvent atteindre à nos faints Myftères , comme les meilleurs yeux ne peuvent fixer le foleil ; que feront ceux dont la vue eft tendre ?* je craignais pour vous , qu'en vous accoutumant de trop bonne-heure à vous occuper de ces importans objets, l'habitude ne vous les rendît indifférens: c'eft l'écueil de la jeuneffe; elle apprend par routine , & récite fans attention , les préceptes & les maximes d'une morale , qui faifit d'admiration au premier coup-d'œil (*). Tels ces gens élevés dans de magnifiques &

______

(*) En inculquant la Religion de bonne-heure, on fait beaucoup de Chrétiens, beaucoup de gens que leurs premiers principes tourmentent toute leur vie , fans les rendre meilleurs. Si l'on entreprend de les tirer de leur tiédeur pour la vertu , en leur citant ces traits admirables de douceur , de patience , de générofité & de defintéreffement, qu'on rencontre à chaque page de la loi chrétienne , ils répondent froidement qu'ils favent tout cela. En fuivant une route oppofée , on aurait moins de profélytes , & plus de fidèles. Hé! quel eft l'homme qui, n'ayant jamais entendu parler de la loi du pardon des injures , & de la charité fraternelle , telle qu'elle eft recommandée par notre religion , ne fera pas faifi de refpeét ! L'habitude, parmi nous, empêche que nous n'en foyons frappés: c'eft l'habitude d'entendre ces vérités fublimes qui fit réfifter les Juifs à la prédication des Apôtres; c'eft l'étonnement & la furprife , qui ont converti les Gentils par milliers.

fomptueux palais ; les dorures , les glaffes , les peintures les plus rares ne font prefqu'aucun effet fur eux ; leurs yeux accoutumés à l'éclat , ne favent plus rien admirer : mais qu'on introduife un homme élevé, loin du fafte de la cour & des villes, au fein de la médiocrité, quel enchantement pour lui ! quelle furprife il témoignera ! J'ai cru qu'il était néceffaire de ne pas expofer la Religion à être détruite dans les cœurs, en l'inculquant trop-tôt : les hommes eftimables , qui font d'un fentiment oppofé , fe fondent fur une vérité généralement reconnue, que les impreffions de la jeuneffe font les plus durables : & je penferais comme eux , fi la Religion n'était qu'une fcience : mais fon but eft de toucher le cœur, de l'embrâfer ; & de tous les âges , le moins propre à cet effet , eft celui de l'enfance. Tels font , mes chers enfans , les motifs qui m'ont engagé à remettre toujours, de vous entretenir fur un objet qu'il eft de mon devoir de vous faire connaître (*).

[Suivent les Inftructions du Comte à fes enfans, que je renvoie à la fin de cette Partie].

Après avoir donné le précis de la Morale évangélique, le Comte s'étendit particulièrement fur la pureté du cœur & du corps.

(*) Hélène a été au couvent, le Marquis au Collége, & ils ne connaiffent pas la Religion ! *Ils ne la connaiffent pas. Que leur a-t-on donc appris ? Des pratiques, des traditions, des dogmes, & non la Religion.*

Je ne rapporterai pas ce qu'il en dit : cette matière ne pouvant être bien traitée qu'avec des jeunes-gens parvenus au point où en font le Marquis & mademoiselle de T···; mais fon difcours donna de vives inquiétudes à fa nièce. Elle les renferma pourtant dans fon fein jufqu'à l'arrivée de madame de Th··.

Cette tendre amie ne fe fit pas longtemps defirer : elle vint accompagnée du Vicomte, & fuivie du refte de fa famille : Hélène & le Marquis étaient encore enfemble, & s'entretenaient desAvis que leur père leur avait donnés. Ils en firent part aux nouveaux époux. Enfuite mademoifelle de T··· conduifit Léonore à l'écart, pour lui communiquer fes fcrupules. Leur converfation fut longue & très-animée; elles prenaient des précautions pour n'être pas entendues. La conclufion fut que madame de Th·· ferait à laComtefle deT···la première ouverture fur un fujet très-délicat.

Il faut favoir, que lorfque mademoifelle de T··· & mademoifelle d'E··· étaient au couvent de C··, elles s'étaient liées avec une jeune Religieufe d'une naiffance diftinguée & de la figure la plus aimable. Un Gentilhomme du voifinage, qui connaiffait fa famille, avait permiffion de la voir, & c'était à lui qu'on remettait une penfion que fes parens fefaient à leur fille. Il employait cette fomme aux ufages que la jeune Religieufe lui prefcrivait, & lui donnait le refte. S'il s'en fût tenu là, fans doute on n'aurait

eu rien à lui reprocher ; mais il eut l'impru‑
dence de faire paſſer à la jeune-perſonne , les
livres qui lui tombaient ſous la main , en lui
diſant qu'elle était aſſés malheureuſe d'être
privée de ſa liberté , qu'il voulait au moins
lui fournir de quoi dévorer patiemment l'en‑
nui de ſon état. Parmi ces ouvrages , il s'en
trouva d'extrêmement libres , d'autres qui
peignaient une volupté douce, plus inſinuante
encore. L'eſprit & le cœur de la jeune Recluſe
ſe corrompirent par ces fatales lectures ; &
non contente de ce qu'elle éprouvait, elle
voulut faire paſſer ſes mouvemens à d'autres.
Léonore fut la première qu'elle choiſir. D'a‑
bord elle ne lui lut que les Livres les plus
tendres & les plus décens : mademoiſelle
d'E···, encore ſans expérience, y prit du goût
au - point d'y donner toutes les heures du
jour dont elle pouvait diſpoſer , & preſque
toutes les nuits. Lorſque ſœur *Amélie* (c'eſt
le nom de la jeune Religieuſe) la vit bien
enflâmée , elle fit ſuccéder ces Romans du
jour où nos deſordres ſont embellis, preſ‑
que légitimés ; enſuite elle paſſa juſqu'à ceux
qui ſont libres ; parmi ces derniers , il ſe
trouvait l'inintelligible fatras que le Cheva‑
lier de M·· intitule *Mille-&-une-faveur* ; ro‑
man très-dangereux, s'il était mieux fait, & ſi
l'ennui qu'il donne ne ſervait de contrepoiſon
au venin qu'il contient. Sœur Amélie ne rou‑
git pas d'expliquer à Léonore les orduriéres
anagrammes de ce livre inſipide. La jeune-

personne, à ces mots inconnus, prêtait toute
son attention sans y rien comprendre ; &
sœur Amélie craignant de trop s'avancer, la
laissa demi-savante.

Ce fut dans ce temps que mademoiselle
de T··· fut mise au couvent de C··. Elle se
lia avec Léonore, dès qu'elle la connut :
Hélène plut autant à sœur Amélie que mademoiselle d'E··· ; de sorte qu'elles formèrent
entr'elles une société fort étraite : les Livres
furent prêtés à mademoiselle de T···, même
avec moins de précaution qu'à son amie, parce qu'elle était plus jeune, & que la Sœur se
défiait moins de sa pénétration. Hélène en parcourut quelques-uns ; mais étant tombée, dès
le quatrième, sur un des plus infâmes, il lui
donna tant d'horreur, qu'elle n'en lut que
quelques pages, & le rendit à Léonore, en
lui fefant part de ses scrupules. Mademoiselle d'E···, dont le cœur était pur, sentit qu'-
effectivement ces lectures devaient être mauvaises ; elle avoua même à sa compgne, qu'
elles fefaient sur elle une impression qui ne
pouvait être qu'un mal : les deux amies con-
vinrent ensemble de prendre les livres qu'A-
mélie leur donnerait, pour ne la pas defo-
bliger, mais de n'en lire aucun. Elles exécu-
tèrent ponctuellement cette sage résolution.

Cependant la jeune Sœur, dont les paffions étaient vives, abusant de la liberté qu'
on lui laiffait d'être seule au parloir avec
l'ami de sa famille, avait séduit cet hom-

me par ſes diſcours , autant que par ſes
attraits , & ſe donnait avec lui de criminelles
libertés. Souvent , en le quittant , l'imagination remplie d'images voluptueuſes , elle
venait auprès de Léonore , & lui donnait
des baiſers laſcifs ; elle allait même juſqu'à ſe
permettre les plus indécentes libertés. Mademoiſelle d'E···, naturellement tendre , répondait à ſon amitié d'une manière conforme à
l'innocence de ſon cœur : & lorſqu'elle ſe fût
liée avec Hélène , elle prit cette manière de
la careſſer. En s'y accoutumant entr'elles, les
jeunes-perſonnes contribuaient , ſans le ſavoir , à nourrir dans Sœur Amélie un criminel panchant. En effet , mademoiſelle d'E···
étant ſortie pour-lors , Hélène reſta ſeule
expoſée aux emportemens d'Amélie , dont
elle était bien-loin de ſe défier , tant que cette
Sœur obſerva quelque retenue.C'eſt ce qui va
ſuivre , qu'Hélène rougiſſait d'apprendre à ſa
Tante,&qu'elle lui fit découvrir par ſon amie.

Un ſoir Hélène était ſeule. Amélie quittait
l'homme dont j'ai parlé: ——Mon cœur , lui
dit-elle (c'était l'expreſſion dont elle ſe ſervait) on vient de m'apprendre la mort d'une
de mes parentes que j'aime beaucoup ; cette
nouvelle m'afflige , & j'en ſuis ſi troublée ,
que je crois à-tout-moment la voir : mais ſa
vue qui me fut ſi agréable , me ferait à-préſent
friſſonner d'effroi. Ma reine, permets que je
partage ton lit——. Hélène y conſentit ſans
peine. Lorſque les lumières furent éteintes ,

Amélie feignant la plus grande frayeur, pref-
fait Hélène dans fes bras, & lui donnait des
baifers brûlans : enfin elles s'endormirent...
Mais vers le milieu de la nuit, Hélène s'étant
éveillée, elle ne fentit plus la Sœur à côté
d'elle : furprife, & même un peu troublée,
quoiqu'on l'eût élevée à ne point avoir de
vaines frayeurs, elle entr'ouvre timidement
le rideau : elle voit Amélie dans un fauteuil,
le dos tourné, un livre à la main. , qu'elle
lifait à la fombre lueur d'une *veilleufe*. Elle ne
voulut pas l'intérompre, & fe fentant raffu-
rée, elle cherchait à s'endormir, lorfqu'elle
entendit la Sœur qui venait à elle. Par tendreffe pour Amélie, Héléne, qui voulait lui
laiffer du repos, ne lui dit rien ; deforte que
la première, la croyant endormie, la découvrit entièrement : Hélène ne favait que penfer : elle entendit Amélie s'agiter beaucoup,
mais elle ne la vit pas. Enfin la Sœur fe remit au lit, & la nuit s'acheva paifiblement.

Le lendemain, Amélie s'étant levée pour
aller au chœur, Hélène trouva le livre ; elle
l'ouvrit, c'était *Pétrone* ; ce volume n'avait
pas été lu, il n'était coupé, que dans un endrait où les feuillets étaient prefqu'ufés : Hélène parcourut ce paffage avec trouble ; enfuite elle ferma le livre, & regardant autour
d'elle, elle aperçut des chofes inconuues....
Amélie rentra dans ce moment, elle rougit
en voyant Hélène ; mais bientôt partant d'un
éclat de rire, elle ferra ce qu'elle avait ou-

blié à deffein. Loin de rien foupçonner , mademoifelle de T··· fit à fa perfide amie des
careffes plus tendres qu'à l'ordinaire , afin de
la confoler de la mort de cette parente. La
Religieufe les interpréta différemment , &
jugeant du cœur d'autrui par le fien , elle ôfa
tenir des difcours libres. Le foir elle partagea
encore le lit d'Hélène. Ce fut cette nuit qu'
elle devait fe permettre des chofes , que je
tairais , fi le bonheur d'Hélène ne l'eût fauvée.

L'Abbeffe avait eu la veille quelques foup-
çons fur Amélie , en la voyant fortir du parloir ; ils étaient faibles : mais le lendemain ,
l'ayant vue fe promener dans le jardin avec
mademoifelle de T···, les libertés qu'elle prenait , l'écart où elle la conduifit toujours ,
fortifièrent fes inquiétudes , au point qu'elle
réfolut de les obferver. Les cellules des Religieufes s'ouvrent toutes avec une cléf qu'a la
Supérieure. Après le couvre-feu , la prudente
Abbeffe réfolut d'aller voir ce que fefait
Amélie. Elle fut étrangement furprife de ne
pas la trouver. Un moment de réflexion lui
fuggéra l'endrait où elle devait la chercher.
Elle alla chez Hélène. Comme mademoifelle de T··· avait une fille pour la fervir , ce
fut par elle qu'elle commença ; elle lui ordonna d'entrer chés fa maitreffe , de laiffer
la porte ouverte en fortant , & d'emporter les
lumières : ce petit ftratagême réuffit parfaitement. L'Abbeffe pénétra chés Hélène , & demeura fecrettement auprès de celle dont l'in-

nocence lui était confiée. Elle ne tarda pas à entendre une étrange conversation, qu'elle intérompit, dès qu'elle en sut allez pour connaître Amélie. Elle se garda bien de faire à cette dernière aucune autre réprimande, que celle de violer la règle, en couchant sans permission avec une pensionnaire : elle renvoya la sœur dans sa cellule, & laissa mademoiselle de T···, après lui avoir doucement reproché son imprudence, & lui avoir fait entendre que la trop grande intimité était quelquefois dangereuse.

La conduite que tint ensuite l'Abbesse avec sœur Amélie & mademoiselle de T··· mérite les plus grands éloges : elle se contenta de réprimandes particulières avec la Religieuse, & du reste, ne lui défendit pas de recevoir les visites de l'homme dont j'ai parlé : seulement elle lui donna une Ancienne pour compagne. Elle visita ses livres, dissimula l'horreur que lui fesaient les plus infames, & lui laissa tout ce qui n'était que roman. Cette respectable Supérieure, unique dans le monde cloîtré, procurait à ses Religieuses toute la liberté possible, & préférait un peu de mal réel au faux faux bien extorqué : elle avait horreur de ces ridicules sacrifices de volonté propre, de cette obéissance servile que d'orgueilleux humains ont introduite, pour jouir dans les monastères d'un théocratisme absolu, mille fois plus odieux que l'arbitralité du despotisme, ce dernier n'agissant que sur les

corps. Madame de L··· toléra donc sœur
Amélie: elle fit plus; elle augmenta sa liberté
dans les choses innocentes. Quant à mademoiselle de T···, elle n'épargna rien pour la
préserver de la corruption, en même-temps
qu'elle eut le plus grand soin de lui ôter tout
soupçon de défiance envers sœur Amélie.
Elle leur ordonna de se voir tous les jours;
mais elle était présente, elle était au milieu
d'elles, desorte que sans qu'elle affectât autre
chose que la plus vive amitié, elle entendait
ce qu'elles se disaient.

Cependant on pense bien que la Religieuse
trouva quelquefois moyen d'éluder ces sages
précautions: les entretiens particuliers qu'elle
eut alors avec Hélène en étaient infiniment
plus vifs & plus dangereux: mais l'innocence
de la jeune-personne, son goût natif pour la
vertu, firent qu'elle n'en reçut pas la moindre tache: seulement elle devint excessive-
ment tendre; elle prit du plaisir à être careffée, & d'après certains discours d'Amélie,
qu'elle ne comprit qu'à-demi, elle se persuada que l'union d'un amant avec une maitresse
ne procurerait pas d'autres plaisirs que ceux
qu'elle goûtait avec son amie. L'Abbesse découvrit encore ces échappées de la jeune
Sœur: elle sut y remédier tout-à-fait, pénétrer ensuite dans le cœur d'Hélène avec affés
d'adresse pour ne pas lui nuire: elle ne retira
de cet examen que l'admiration pour son aimable Élève.

Ce fut dans ces circonſtances que mademoiſelle de T··· vint à Paris La tendreſſe qu'elle avait toujours eue pour ſa Tante ſemblait s'être accrue par l'éloignement : deux choſes y contribuaient ; les bontés de la Comteſſe & ſa beauté. Les premières ne pouvaient manquer leur effet ſur une âme bienfaite ; la ſeconde feſait impreſſion ſur les ſens d'Hélène, depuis que Sœur Amélie lui en avait appris la valeur. Mais ce motif d'attachement était pur dans la jeune perſonne, quoique les ſuites en fuſſent telles qu'Amélie les voulait. En effet, lorſque madame de T··· revit ſa nièce, elle fut ſurpriſe de la vivacité de ſes careſſes : & loin de s'y refuſer, elle l'encourageait, elle en ſavourait toute la douceur, elle y trouvait une félicité juſqu'alors inconnue. Hélène entre au couvent de ſœur Sainte-Th····. Cette aimable & vertueuſe fille avait pris du goût pour madame de T···, qu'elle avait eu occaſion de voir ſouvent, à cauſe de Juſtine ; & ce que l'amour feſait dans le frère, dans le même temps, & ſans que madame de T··· connût encore de quelle maiſon était la jeune Religieuſe, l'amitié le feſait dans la ſœur. Ainſi mademoiſelle de T··· fut reçue comme un précieux dépôt, un tréſor ſur lequel il fallait veiller avec ſoin.

Dès les premiers jours, Sainte-Th··· remarqua les manières d'Hélène. Elle en fut ſurpriſe, & redoubla d'attention. Ce ne fut qu'en voyant qu'elles étaient ſans préférence,

qu'elle

qu'elle se tranquillisa ; ayant ensuite entièrement pénétré son caractère, elle alla jusqu'à lui en faire un mérite. Elle rendait justice à mademoiselle de T··· ; cependant il y aurait eu beaucoup à reprendre, sur-tout lorsqu'Hélène ayant su que Justine était la protégée de son cousin, les tendres sentimens qu'elle conservait pour le Marquis rejaillirent sur elle. La Sœur, qui ne pouvait pas voir tout, l'aurait certainement reprimandée, si elle eût su les choses qu'elle se permettait. Mais l'instant va venir qui doit éclairer Hélène.

Sœur Amélie n'avait pu supporter l'absence d'une amie, pour laquelle son attachement avait toute la vivacité de l'amour : elle tomba dans une langueur qui fit craindre pour sa vie. Un jour qu'elle se trouva mieux, elle résolut d'instruire de l'état où elle se trouvait le Comte de Q·· son frère, le même dont j'ai parlé : elle s'assura d'une Converse qui ferait porter sa lettre au dehors, sans qu'elle fût vue de l'Abbesse. Amélie écrivait au Comte, *Qu'elle mourrait, si on ne la changeait pas de Maison ; qu'elle desirait d'en choisir une de son Ordre à Paris ;* &c. Ensuite elle lui parlait de mademoiselle de T··, & le priait de lui en donner des nouvelles. Le Comte n'aimait guères sa sœur ; mais comme il n'en avait plus rien à craindre, il résolut de la satisfaire ; & dans sa réponse, il lui nomma le couvent où était Hélène. Amélie le demanda, obtint le changement desiré

& surprit agréablement Hélène par son arrivée. Elle ne lui cacha pas la cause de sa démarche, sa langueur & tout le reste : la reconnaissance se joignit dans le cœur d'Hélène
au penchant qu'elle éprouvait déja. Mais A-
mélie ne tarda pas à s'apercevoir qu'elle était
loin de la liberté qu'elle avait espérée : son
amie était toujours avec la sœur Sainte-
Th···, & c'était par l'ordre de la Comtesse ;
en son absence, Justine & Marthon (jeune
paysanne que Louise, avant de mourir, avait
recommandée) ne la quittaient pas. Il falut
chercher le mystère ; Hélène, qui était sans
intérêt, ne s'y prêtant pas, les entrevues secrettes devinrent impossibles. Dans cet embarras, Amélie résolut d'écrire à Hélène,
pour l'instruire de ce qu'elle attendait d'elle.
Elle le fit en ces termes :

*Si tu partageais, mon adorable, les senti-
mens que tu m'inspires, tu seconderais mes
efforts, pour que nous nous trouvassions seules
quelquefois ; mais Hélène, contente d'être toute
belle, de jouir de l'adoration de tout ce qui a
le bonheur de la voir, ignore le sentiment ; la
douce, la parfaite réciprocité lui sont inconnues. Ne crais pas, ma divinité, que je te fasse
des reproches ; ce ne sont ici que de tendres plaintes d'un cœur que tu as blessé, que seule tu peux
guérir ; auquel il faut plus que tout ce que tu
m'as donné : nous n'avons pas de madame
de L··· qui contraigne nos doux épanchemens ;
& nous sommes moins libres que jamais : ac-*

corde donc à celle qui ne respire que pour t'aimer, qui ne vit qu'en toi, & pour toi, quelques momens pour te prouver son incomparable tendresse. Fille céleste, si ta beauté n'a pas d'égale, le feu qui brûle dans mon sein, à l'honneur de tes appas, surpasse en ardeur tout ce que tu pourras imaginer. Adieu, trop chère, & trop peu sensible. Je te donne un million de baisers. AMÉLIE DE Q··.

Hélène reçut un soir ce billet de la main d'Amélie elle même, qui lui recommanda de ne le lire que lorsqu'elle serait seule. Elle n'y manqua pas, & son cœur en fut vivement touché. Comme elle l'achevait, sœur Sainte-Th··· vint auprès d'elle, & lui vit serrer précipitamment un papier: Hélène qui remarqua quelqu'inquiétude dans ses yeux, eut envie de le lui montrer, & de la prier de contribuer à la satisfaction d'Amélie; mais une réflexion qui lui vint, de demander à cette dernière la permission de confier son secret, suspendit cette ouverture. Hélène se contenta donc de faire à la bonne Sœur ses caresses accoutumées; seulement elle les accompagnait de plus de feu: comme elle allait se mettre au lit, & qu'elle eût voulu dire mille choses à la Sœur, sans commettre Amélie, elle la pria de passer la nuit avec elle. Sainte-Th···· y consentit par une sorte de pressentiment.

Jamais la Religieuse n'avait été à-portée de connaître aussi-bien son Élève, que dans cette occasion: elle était plus belle que sœur de Q·· elle-même. Sa gorge … Hélène accoutumée aux caresses d'Amélie, n'hésita pas à la baiser. Alors la Religieuse lui tint un discours sensé sur les ménagemens que les femmes se devaient: elle lui fit entendre que les appas qu'elles tenaient de la nature avaient une fin utile & légitime; que c'était en outre de tendres fleurs qui se fanent aisément. Ce qu'elle ajouta fit trembler Hélène : elle voulait être belle pour son cousin ; conserver pour lui toute sa fraîcheur : dès le lendemain elle se priva de ce qu'elle aimait auparavant.

Il paraîtra surprenant que sœur Sainte-Th···· eût ces lumières ; mais j'ai su que l'extrême liberté dont sa mère l'obligeait de jouir dans ses dernières années, l'avait mise au fait de mille choses qu'on ignore à son âge : je n'en ai rien dit dans l'histoire du Comte de Saint-A··, & je ne m'en permettrai pas ici davantage.

Le lendemain de cet éclaircissement, Sainte-Th···· apprit la mort de sa mère. Ce coup fut terrible pour elle, & peu s'en falut qu'elle ne la suivît. Monsieur le Comte de P··· mit auprès de sa fille, durant sa maladie, cette Laurette, ou *Javote F··*, dont j'ai parlé. Mademoiselle de T··· ne quitta pas son amie ; elle la servit avec Justine & Marthon, tandis que Laurette qui se voyait inutile, passait les journées à s'amuser avec les Pensionnaires & les Religieuses. Elle fit la connaissance d'Amélie ; en peu de temps elles se lièrent si étraitement, qu'elles ne pouvaient plus vivre l'une sans l'autre ; & ce fut cette intimité qui fit que le Comte de Q·· vit la F··. Cependant S···-Th···· fe trouvait hors de danger; Laurette fut obligée de retourner chez fon Protecteur : mais fes mœurs, fon cœur, fon caractère trop faciles, étaient changés; Amélie les avait corrompus; & le defordre où elle tomba dans la fuite, fut l'effet des difpofitions qu'elle venait de prendre.

Mademoifelle de T···, depuis la maladie de Sainte Th····, ne voyait Amélie qu'en paffant; lorfqu'elle alla mieux, elle chercha davantage cette dernière, qui lui parla de fa Lettre. Hélène lui demanda permiffion de fe confier à mademoifelle de P··· : —Gardez-vous en bien, lui dit Amélie; elle eft jaloufe de votre amitié jufqu'à la fureur; nous ferions perdues : elle donnerait à mes expreffions des interprétations malignes——. Hélène connaif-fait trop Sainte-Th···· pour en penfer du mal; mais elle crut devoir un peu de complaifance à fon ancienne amie. Elle fe promit, fans en parler à Amélie, de fe rendre fecrettement dans fa cellule le foir même. Heureufement Sainte-Th···· était en état de fortir,& de veil-ler fur Hélène : voyant donc qu'elle ne venait pas, felon fa coutume, elle voulut la fur-prendre agréablement, en lui rendant vifite. Mais elle apprit qu'elle venait de fortir, fans dire où elle allait. La Religieufe demande à Juftine, fous le fecret, où mademoifelle de T·· mettait fes lettres. Juftine lui indiqua le tiroir, & la Sœur fe contenta de regarder

F 3

les fufcriptions, qui toutes étaient de la Comteffe de T**, du Comte fon mari, & de monfieur de V** ; à l'exception de la dernière, qui fe trouva fans envelope & fans adreffe. Sainte-Th**** lut cette lettre, qui était celle d'Amélie ; & fur-le-champ, elle avertit l'Abbeffe, qui fit appeler cette Sœur.

Mais il faut rendre compte de ce qui fe paffait dans la cellule d'Amélie. Ce Gentilhomme, dont j'ai parlé, qui voyait la fœur du Comte de Q** au couvent de C**, l'avait fuivie à Paris, où il continuait fes vifites. Il y avait dans le Monaftère un garçon qui fervait de Sacriftain. C'était un jeune nigaud, fefant affés bien fon devoir, ayant une confcience pure, mais facile à tromper. Sœur Amélie ne tarda pas à connaître le fujet, & à fonder fur cette connaiffance l'exécution de certains projets. Le hazard s'en mêla : il y avait dans cette maifon un tour fort grand ; un jour que le Sacriftain s'amufait niaifement à le tourner, il fe mit lui-même dedans, & fe trouva à-portée d'entrer dans le couvent. Il ne lui vint là-deffus aucune idée maligne ; mais il fut charmé de voir qu'il pourrait, durant les nuits éclairées par la lune, s'introduire facilement dans le jardin, & prendre fans la permiffion du peu gracieux jardinier, les fleurs & les fruits qui lui plairaient. Amélie cultivait l'amitié de ce garçon par des préfens ; elle le mettait infenfiblement à l'épreuve, pour de petits fervices. Elle le trouva intéreffé : comme elle avait dequoi le fatisfaire, elle n'héſita pas à lui demander, s'il ſerait d'humeur à favoriſer l'entrée ſecrette d'une parente qu'elle voudrait quelquefois entretenir la nuit dans le jardin. Le Sacriſtain voyant briller à ſes yeux une bourſe bien garnie, répondit à la Religieuſe : —Il ne faut pas, madame, tant de beurre pour faire un quarteron, ſans riſquer à ſe caſſer le cou en eſcaladant les murailles du jardin, je puis faire entrer votre parente la nuit par le grand tour de la ſacriſtie : tenez, allez vous y en, & vous verrez vous-même comme je paſſerai———. En effet il paſſa. Amélie, charmée, doubla la recompenſe, & convint avec lui, que ſa parente viendrait de jour dans ſa chambre, qu'elle s'y cacherait, & que la nuit elle paſſerait par le tour. Or cette parente, c'était l'homme dont j'ai parlé. Mademoiſelle de T··· alla juſtement chés Amélie la première fois qu'elle le recevait. La Sœur, qui dans toute autre occaſion eût deſiré ſa viſite, fut très-fâchée de la voir ce ſoir-là ; cependant, après avoir caché ſon amant, elle ouvrit à Hélène. Cette dernière dont les avis de Sainte-Th···· avaient changé les manières, ſe contentait de témoigner ſon attachement à la jeune Sœur, par les plus tendres diſcours, lorſque la Supérieure fit appeler Amélie. —Vous ne ſortirez que dans un moment, cher Ange, dit-elle à mademoiſelle de T···, ſi je ne ſuis pas de retour; car je ne veux pas qu'on ſache que nous étions enſemble : je vous avouerai même que je ne ſuis pas seule : j'ai une parente … je vous expliquerai tout cela … je vous avertis seulement, de-peur que quelque mouvement qui pourrait lui échapper, ne vous effraye——. Après cet avis, donné à la hâte, elle sort.

L'amant d'Amélie se voyant découvert, quitte sa cachette, qui était une armoire dont les traverses avaient été ôtées pour l'usage auquel il venait de servir. La figure d'une grande femme, au teint hâlé, aux yeux hardis, épouvanta presqu'Hélène. Cependant les choses polies que cette virago lui dit, la rassurèrent. Amélie tarda longtemps ; Hélène allait sortir ; mais l'amoureux Gentilhomme qui la trouvait à son gré, voulut la retenir ; il la prit dans ses bras : Hélène se défend ; mais trop faible, elle ne voit d'autre ressource que de trahir Amélie par ses cris. La préten-due parente s'y attendait, & lui en ôta le pouvoir… Enfin la chaste Hélène était sur le point de devenir la proie d'une passion bru-tale, lorsque sœur Sainte Th···· vint frapper à la porte d'Amélie. Un bruit sourd qu'elle entend lui donne des alarmes : elle redouble, & l'on ouvre. Elle trouve Hélène seule, en desordre… Mais le croira-t-on ? cette aima-ble fille, si cruellement insultée, ne trahit pas Amélie, dont elle ignorait tout le crîme (car elle croyait encore que c'était une femme qui venait de la tourmenter). Elle sortit avec sœur Sainte Th····, qui, attribuant à Amélie le dérangement qu'elle voyait, fit des remon-

trances fort vives à mademoiselle de T···, &
lui dit les choses plus clairement que jamais.
Hélène ne pouvait se pardonner son imprudence, & renonça dès cet instant à revoir
Amélie. Pour la première fois elle eut l'idée
du mal, & ce fut pour en concevoir une éternelle horreur.

Voila quelle était la cause des scrupules
d'Hélène. Car le commerce d'Amélie avec
un homme ayant éclaté dans la maison, Sain-
te-Th···· l'avait écrit à madame de T···, qui
retira sa nièce. Depuis, la bonne Religieuse
ayant tout appris d'Amélie, elle en fit part à
Léonore, qui l'alla voir avec Hélène le lendemain de son mariage. Madame de Th··,
qui connaissait alors tout le danger de ce
qu'elle avait regardé longtemps comme
innocent & permis, n'hésita pas à desciller
les yeux de sa jeune amie, qu'elle voyait
à la veille d'être mariée. Cet éclaircissement
fit sur Hélène une impression inattendue ;
elle se crut coupable : il falut que Léonore
racontât à madame de T··· tout ce qu'on
vient de lire. La vertueuse Comtesse sentit
de nouveaux regrets d'avoir confié sa fille à
d'autres : mais elle vit qu'elle avait encore
toute sa pureté & toute son innocence ; elle
dissipa ses terreurs, & lui montra l'avantage
qu'elle pouvait tirer de ces dangereuses lumières. ——Mon aimable maman, lui disait
Hélène, je suis éclairée ; mais c'était un
homme ! ——Vous l'avez cru une femme ?

—Oui, bien une femme. Mais si la sœur Sainte-Th···· ne m'en eût pas délivrée, j'allais peut-être, pour m'en débarrasser, lui faire les mêmes caresses que vous me permettez, & j'en serais au desespoir. On n'en accorde pas davantage à son époux—. Henriette sourit, & pria madame de Th·· de lui donner quelques faibles lumières. Ensuite elle crut ne devoir pas lui cacher certains desordres du Marquis qu'elle ignorait ; sans entrer néanmoins dans des détails qui eussent fait souffrir sa pudeur.

En effet, lorsque le Marquis était au Collége, il ne put éviter de se trouver avec des jeunes-gens dont les parens corrompus & corrupteurs, avaient donné trop souvent à leurs enfans les exemples du vice. Ces compagnons d'étude ne manquaient pas de faire part à d'autres de leurs lumières, & cette jeunesse étourdie, prévenant la nature, s'instruisait mutuellement à la solliciter, avant qu'elle pût leur répondre. Ce fut-là ce qui perdit le Marquis. Comme je l'ai fait entendre, le jeune Destorets était auprès de lui ; quelques faibles dispositions pour les sciences qu'on avait remarquées au fils de l'Intendant avaient engagé monsieur & madame de T··· à le donner pour émule à leur fils : il vit ces tristes effets, inséparables de l'éducation de nos colléges, & pensa d'abord comme le Marquis ; cependant ayant consulté monsieur de Th··, qui seul en marquait de l'horreur, ce vertueux jeune-homme parvint à le corriger. Pour le Marquis, il riait de leurs scrupules, en les assurant qu'il dédaignait également tous les genres de volupté. Mais si les dangereuses leçons du vice, furent d'abord froides & sans effet, il n'en fut pas de même lorsque les passions les eurent échauffées ; elles firent germer le goût des plaisirs illicites & de la débauche. Il n'est pas permis d'en présenter ici l'image ; mais les jeunes-gens devraient trembler de leurs suites affreuses. Que ne peuvent ils voir & le marasme, & la phthisie, & l'épuisement en tout genre, qui succèdent à d'insipides amusemens, & prévoir de bonne-heure que ces tristes suites des plaisirs précoces leur ôteront la faculté de jouir de tout leur être, achevé par la nature !

La Comtesse de T···, après ce tableau, dont elle avait adouci les couleurs, acheva de rassurer sa nièce : ensuite elle alla rejoindre son époux & monsieur de Th··, afin de laisser à Léonore le temps nécessaire, pour s'acquitter de la commission qu'elle lui donnait auprès d'Hélène. Madame de Th·· fut charmée de cette liberté ; elle était encore dépositaire d'autres secrets : Hélène & le Marquis l'avaient priée de les aider à faire une bonne-œuvre, par laquelle ils voulaient signaler le jour de leur union. Léonore commença par sonder les dispositions d'Hélène sur l'objet dont la Comtesse l'avait chargée. Voici quel fut leur entretien.

Hélène. A quoi l'on est exposée! *Léonore.* Lorsque l'erreur ne vient pas du cœur, elle ne le souille pas. *H.* Oui : mais ne doit-on que le cœur à son époux ? *L.* Il donne le prix à tout le reste. *H.* Et tout le reste, mon amie, ajoute au don du cœur : lorsque je pense qu'Amélie... je me reproche jusqu'au plaisir que me causait mon amitié pour elle. *L.* Le jour de demain en effacera jusqu'au souvenir : Chère Hélène, que tu seras heureuse ! *H.* Ne le suis-je pas dès-à-présent autant qu'on peut l'être ? demain serai-je plus aimée ? *L.* Eh oui ! *H.* Je serai donc plus heureuse. *L.* Aimable fille, tout ce que tu as jamais éprouvé ne peut se comparer à ce que l'amour te prépare. *H.* Si tu parles de ces plaisirs inconnus qu'un instinct aveugle me fait soupçonner, apprens, ma chère, qu'ils n'ajouteront rien à ma félicité : ce n'est pas le plaisir que je desire, c'est l'amour. *L.* Et si le plaisir l'augmente? *H.* Alors... oh ! quelle sera donc mon bonheur !... voir mon cousin plus tendre & plus heureux! chère Léonore !... *L.* Ton cousin est bien généreux, mon amie; mais tu l'es autant que lui. Aime-le bien ; le Marquis seul était digne de toi. *H.* Ma chère, quel discours flateur ! *L.* Parlons de nos jeunes-gens : monsieur de Th** & moi venons de les voir ; tout sera prêt demain. En vérité, je vous porte envie! quelle heureuse idée ! *H.* Elle est de de mon cousin. *L.* Et tu l'as adoptée : *H.* Oh ! de toute mon âme. *L.* Charmante, excellente Hélène! tu jouiras de toute leur félicité: leurs yeux fixés fur toi, fembleront dire, Cette angélique créature, dont la beauté furpaffe tout ce qui peut fe voir, eft bonne autant qu'elle eft belle : nous lui devons tous les plaifirs dont nous allons jouir——. En achevant ces mots, madame de Th" reconduifit Hélène auprès de fa tante.

La Comteffe de T··· fe voit à la veille du plus grand jour des mères, celui du mariage de fon fils; elle eft dans une délicieufe ivreffe. Hélène, cette fille careffante, fe jète dans fes bras, & fe livre à fa tendreffe de cet air enchanteur qu'ont l'innocence & la naïve beauté. Ma fille, dit madame de T···, cher objet de mon affection, de mon amour, de toutes mes complaifances… chère fille! c'eft demain——… Elle s'arrête, la regarde, & ré· pète: —C'eft demain—! Hélène treffaille.——O maman, demain je vais être encore plus votre fille… —Idole de mon cœur, chère Hélène!… plus chère que ma vie, que mon bonheur… fille méritante… ah que tu remplis ce cœur qui t'adore… aimable, charmante enfant! quelle·union! qu'elle va me rendre heureufe! fille chérie, je vois en toi une fœur… une mère… & ma fille, & mon amie, & l'époufe de mon fils…. Précieufe enfant, que ferais·je fans toi——? Ses careffes animaient cette douce effufion. La Comteffe paraiffait chercher à dire quelque chofe : elle commençait : ——Hélène, … ma fille, …·

écoute-moi ... j'aurais voulu ...tu es fi jeune encore ... s'il était poffible de commander à fon impétuofité——... Mais elle n'achevait pas. Elle demande Juftine : cette fille vient : deux fois elle lui dit d'avertir le Marquis, & deux fois elle la rappèle, craignant également de parler & de fe taire : dans fa perplexité, cette tendre mère ne peut quitter Hélène ; elle l'aide à fe deshabiller, & ne fe retire que lorfqu'elle la voit prête à fuccomber au fommeil.

J'ai laiffé le Marquis à l'inftant où il a reçu la bénédiction de fes parens ; depuis il ne s'eft occupé qu'à la mériter. Il voit enfin le jour qu'il defirait fi vivement : tout fe réunit pour l'embellir, ce jour heureux ; le foleil a furmonté les nuages ; les zéphirs qui fe jouent dans les airs, agitent doucement les feuilles des arbres, & careffent les dons de Flore : la nature entière invite à l'amour ; on le refpire avec le parfum des fleurs ; le charme fe répand, & tous les êtres paraiffent fenfibles. Madame de T···, plus tendre encore qu'elle ne l'était la veille, entre la première chés fa nièce, & la trouve plongée dans un fommeil paifible, preuve de la tranquillité de fes fens : elle l'admire, & fatisfait les mouvemens de fon cœur ; fes careffes éveillent Hélène ; l'aimable fille étend les bras, & fans la voir, embraffe cette mère qu'elle adore. La Comteffe éblouie des attraits qu'elle déoouvre, fourit, en fongeant au bonheur de fon fils ;

plus heureuſe par lui que du plaiſir qu’elle goûte elle-même. Auſſi paraît elle jalouſe qu’ une autre main touche Hélène ; elle veut prendre elle même le ſoin d’orner tant d’ap- pas. Elle ſonne Juſtine & Marthon pour la ſeconder : la dernière vient ſeule ; la Com- teſſe apprend avec étonnement que madame de Th·· a envoyé prendre la jeune Nishard dans ſa voiture ; il falut ſe paſſer d’elle.

Cependant le Marquis paraît, l’aſſemblée devient nombreuſe, & mademoiſelle de T··· eſt à ſa toilette : telle on voit la roſe lorſqu’ elle entr’ouvre ſon ſein, embellir tout ce qui l’environne. Le Marquis y préſide, ſert ſa mère, dit ſon goût, & l’a toujours exquis : la Comteſſe exécute : c’eſt l’*Amour* & *Cypris* qui relèvent les attraits de *Pſyché*. Mais la parure n’ajoute rien aux grâces d’Hélène ; ces pompeux ornemens, qui ſouvent cachent des défauts, ne ſervent qu’à voîler ſa beauté.

Monſieur le Vicomte de Th·· & ſon épou- ſe n’étaient pas encore arrivés. On en était ſurpris. Léonore avait dit la veille, que ſon amie ne porterait rien qu’elle n’eût choiſi, & qu’elle-même n’eût placé. Cependant la jeune épouſe était prête, quand on vit entrer la Vicomteſſe avec Juſtine. Léonore court auprès d’Hélène ; elle lui fait mille compli- mens flateurs, s’aſſiéd devant elle, loue le bon goût de ſon arrangement, la richeſſe de ſa parure : ——C’eſt dommage, ajoute -t-elle en ſouriant ! avoue, mon amie, que tu es bien, & que je vais exciter contre moi une furieuſe tempête. En-même-temps elle enlevait tous les diamans, & n'y fubftituait que des fleurs, que Juftine lui préfentait. Madame de T··· la laiffait faire, fans l'intéroger, quoiqu'elle ne fût pas inftruite. Tout le monde convint que mademoifelle de T···, parée des feuls dons de la nature, n'en était que plus belle. Mais on ne penfait pas qu'elle dût refter ainfi. Les femmes fur-tout voulaient qu'on remît les diamans. Elle en aura, mefdames, leur difait Léonore avec vivacité ; elle en aura, & d'un prix bien audeffus de ceux que je viens d'ôter——. Hélène fouriait, en regardant madame de Th·· & le jeune Marquis. Néanmoins on aurait eu peine à réfifter aux inftances des Dames, qui demandaient qu'on rendît à Hélène fa brillante parure, fi d'autres objets ne fe fuffent emparés de leur attention. Léonore avait dit aux jeunes Époux, que tout était prêt. Ils lui avaient fait un figne d'intelligence. On n'attendait plus que monfieur de V·· pour fe rendre au Temple : dans l'inftant même il arrive de Verfailles : les deux amans paffèrent dans l'appartement de leur ayeul, où le Comte & la Comteffe venaient de le fuivre. Ce fut-là qu'ils leur conffèrent un fecret qu'ils ne pouvaient pas garder plus longtemps, parce qu'ils avaient befoin de leurs avis, pour achever d'une manière convenable, ce qu'ils avaient commencé. Prêts à voir leurs enfans fe lier d'une chaîne auffi douce que durable, monfieur & madame de T··· ne croyaient pas que leur satisfaction pût craître ; cependant Hélène & son amant vont l'augmenter, en leur découvrant l'emploi qu'ils ont fait, la première, de la somme qu'elle avait demandée la veille ; & le second, de ce que sa mère avait continué de lui fournir pour ses amusemens : ils s'en étaient servis pour donner un bonheur semblable à celui dont ils jouissaient, à trente jeunes garçons & autant de filles, qu'ils gratifient d'une dot de mille écus. Le père de Luce & de Justine avait été chargé du choix, sous les ordres du Vicomte de Th··. Il ne s'agissait plus que de demander à leurs parens, s'il serait mieux de tenir cette bonne-œuvre secrette, que de la faire avec un certain éclat. Monsieur de V··, aulieu de leur répondre, se laissant emporter à sa tendresse, s'écrie : —Mes chers enfans, je ne forme plus de desirs !... Mon Dieu ! ajouta-t-il, je terminerai quand il vous plaira cette longue carrière, mes enfans sont vertueux !... Que le ciel ; mon cher Marquis, ma chère, mon aimable Hélène, vous fasse toujours penser de même ! je ne lui demande pas, en vous bénissant, qu'il vous rende meilleurs, mais que vous persévériez dans la bonté——. La Comtesse & son époux se modérèrent davantage, sans être moins touchés. Cependant le Marquis demandait à son père ses ordres sur la manière dont ces mariages devaient se célébrer. ——Mes enfans, leur dit enfin ce sage mortel, la véritable modestie ne consiste pas à cacher le bien que l'on fait, lorsque l'exem-

ple en peut être utile au monde : je veux donner à votre action, que je regarde comme la
plus belle & la plus louable, après celle de
sauver la patrie, tout l'éclat dont elle est digne : allez, & ne vous occupez que de votre
bonheur ; je me charge d'achever celui de ces
jeunes-gens——. Tous étaient prêts à suivre
leurs bienfaiteurs à l'autel, madame de Th—
n'était arrivée si tard, que parce qu'elle s'était
donné ce soin elle-même.

Dès qu'on connut les intentions de monsieur de T***, Léonore & son époux envoyè-
rent leurs carosses, pour amener les jeunes-
gens à l'hôtel de T***. Léonore chargea Luce
& Justine de mettre l'ordre parmi eux, & de
lès faire servir durant la fête. Lorsqu'ils arrivèrent, tout le monde fut frappé de ce spectacle inattendu, & les Dames ne s'occupè-
rent plus de la parure d'Héléne. On partit
sur le-champ ; ce fut entre la double haie que
formaient les amans d'un côté & les jeunes-
filles de l'autre, que le Marquis & mademoiselle de T*** parvinrent aux piéds des autels.
Toutes les jeunes-filles étaient mises comme
leur bienfaitrice, couronnées des mêmes
fleurs qui paraient le front modeste d'Hélène ;
mais quoique ces jeunes épouses eussent été
choisies de la plus agréable figure, mademoiselle de T*** avait sur elles la même supério-
rité par ses attraits, que par sa naissance.

Comme monsieur le Comte de T*** l'avait
prévu, en rendant publique l'action de ses
enfans, tout le monde les combla de louan-

ges; les gens mariés regrettaient de n'en avoir pas fait autant; & les jeunes-gens sentirent naître le desir de se signaler de la même manière. Madame de Th·· jouissait de toute la gloire de son amie: ——Voyez, disait-elle à celles qui l'environnaient, voyez toutes ces jeunes-filles; ce font les diamans de mademoiselle de T···. A ce spectacle, les Ministres de la Religion se sentirent pénétrés de respect: le Vieillard vénérable qui bénit ces unions, n'était entré dans le sacerdoce qu'après avoir rempli tous les devoirs de citoyen; son âme sainte tressaillit, en voyant la couronne dont la vertu ceignait la tête d'Hélène & de son cousin. Il les loua publiquement, & leur annonça les faveurs dont le ciel devait les combler.

En sortant du Temple, Nishard aborda le Marquis & la nouvelle Marquise de T···, par ordre de leur père. Il leur dit à l'oreille, qu'il ne distribuerait que le lendemain à chacun des nouveaux époux la dot qui leur était destinée, parce que le Comte & la Comtesse venaient de le charger de porter leurs bienfaits chés cent pauvres vieillards qui s'étaient épuisés à élever de nombreuses familles. L'heureux jeune-homme se retourna vers le Comte, qui le suivait: —O! mon père! lui dit-il, mon père!... —Mon fils, ma chère fille, intérompit le Comte, il ne pouvait y avoir trop de bouches qui vous bénîssent aujourd'hui: Daigne, grand Dieu, ajouta-t-il, suspendre par ta souve-

raine puissance, les peines de tous les malheureux de ce vaste univers, puisqu'un atôme
tel que je suis ne peut y suffire——! . . .

En arrivant à l'hôtel de T***, monsieur le
Maréchal & Léonore invitèrent l'assemblée
à passer dans l'appartement destiné aux nouveaux époux. La chambre nuptiale était dé-
corée d'un chéf-d'œuvre de l'art : c'était trois
tableaux du meilleur Artiste, dont l'allégorie fut mise en action sur-le champ.

Au piéd d'un petit autel à l'antique paru-
rent l'Amour & l'Hymen, qui conduisaient
deux jeunes Époux. La Pudeur & la Beauté,
couvertes du même voîle, prennent la main
de la jeune Épouse; la Constance & la Fidélité
lui mettent une couronne de fleurs immortelles : le Devoir & le Plaisir sont aux côtés
de l'Époux ; le premier chasse le Délire, &
le remplace par la Raison ; le second repousse
la Discorde & la Jalousie. Les impétueux Dé-
sirs font place au tendre Attachement. La
Raison forme une chaîne de fleurs qu'elle
présente à bénir à la Religion ; & qu'ensuite
elle donne à l'Hymen. Cependant la Chasteté
s'avance fons un voîle écarlate, elle en couvre entièrement la nouvelle Épouse, & lui
montrant du doigt la Raison, l'Hymen, l'A-
mour & le Plaisir, elle trace en traits de feu
ce mot, INSÉPARABLES.

Cette allégorie était l'ouvrage du Vicomte
de Th** & de son épouse, qui le firent exécuter par les jeunes-gens que mariaient Hélène & le Marquis.

Ce fut ainſi que commença la fête. Dans le cours de la journée, M. de T···, donna quelques avis aux jeunes-gens que ſes enfans avaient unis. Voici dans quels termes à-peu-près il s'exprima: —Mes chers enfans, le premier ami d'un honnête-homme, & le plus précieux de ſes biens, c'eſt ſa femme. Voyez cette fille charmante devenue votre compagne; vous auriez horreur de vous-même, ſi l'on vous diſait, qu'un jour vous ferez ſon malheur. L'Auteur de la nature, en lui donnant ces attraits qui vous touchent, a voulu qu'elle règnât ſur vous par une inſinuante douceur; que l'amour la première & la plus forte des paſſions tempérât pour elle l'orgueil du commandement que la Nature vous a réſervé. En effet ſi les plaiſirs que l'amour procure ſurpaſſent tous les plaiſirs, c'eſt afin que les hommes comprennent quelle tendreſſe, quelle reconnaiſſance ils doivent à celle qui les leur fait goûter. Les délices d'un amour légitime ſont durables; à leurs tendres embraſſemens, deux époux voient ſuccéder des enfans, leur conſolation & leur appui dans un âge avancé : quel reſpect ne devez-vous pas à la mère de ces autres vous-mêmes! O! ſaintes loix de la ſociété! quand les hommes ne vous ſeraient redevables que du ſeul avantage de cette douce intimité que vous établiſſez entr'eux & leurs compagnes; quand vous ne leur auriez procuré que celui de ſavoir qu'ils ſont pères, & de jouir des droits de ce nom ſacré (*), dont les

____

(*) Parmi certains peuples du continent de l'Améri-

priviléges n'exiftent dans aucune autre efpèce des êtres fenfibles, ils devraient vous bénir, & vous conferver au prix de leur fang....

Le Comte ayant aperçu fon fils & la nouvelle Marquife, qui venaient ranimer la joie de ces jeunes-gens, par leur préfence : —Ma chère fille, dit-il à Hélène, ne vaut-il pas mieux être ainfi raffemblés , que d'errer feul à feul dans les forêts ? Je dirais volontiers

---

que feptentrionale, tels que les *Californiens*, les pères ne connaiffent pas leurs enfans, qu'ils abandonnent ordinairement auffitôt après leur naiffance. Lorfque les femmes font accouchées, leurs maris ne leur donnent aucun fecours : ces malheureufes vont avec leur enfant fe laver au premier ruiffeau, & de-là chercher des racines & des fruits dont e les font leur nourriture. Pour les hommes, s'ils ne s'attachent pas à une autre femme, comme c'eft leur ufage, ils fe couchent au piéd d'un arbre , & la nouvelle accouchée les fert , comme s'ils étaient malades. Les mères ne gardent leurs enfans avec elles, qu'autant qu'ils ne peuvent abfolument fe paffer de leurs foins ; & lorfqu'elles les ont une fois quittés, c'eft pour ne les plus revoir. Le pouvoir paternel eft prefque nul en ce pays. Auffi font-ce des *Anciens*, ou des *Caciques* électifs, qui préfident aux mariages peu folides que les jeunes-gens contractent pour la première fois. On voit que ces unions ne durent guères plus d'un an : dès qu'une femme nourrit, fon mari la quitte ; s'il revient quelquefois, le plus fouvent il en époufe une autre. Tel eft le naturel de l'homme abfolument fauvage. Il réfulte de-là, que le pouvoir des mères eft plus vrai, plus inviolable, que celui des pères... De quels avantages fe prive donc une femme qui donne une nourrice mercenaire à ceux qu'elle a portés dans fon fein! elle renonce au titre le plus doux, aux droits les plus réels; elle abjure la maternité, & devient moins qu'une marâtre.

au plus célebre Écrivain de nos jours : Non, Philosophe respectable, quelques séduisantes que soient les peintures que vous en faites, l'état de l'homme sauvage n'est point à regretter : Trop frappé des abus & des injustices qui règnent dans la société, vous croyez que l'état d'abrutissement, mais de l'innocence feraient plus avantageux : vous avez en votre faveur la conduite de ceux qui ayant vécu parmi les Hottentots & les Hurons, ont refusé de les quitter. Mais ce n'est là qu'un exemple de particuliers que des circonstances que nous ignorons ont pu déterminer ; nous en avons tous les jours un plus frappant en faveur de l'*urbanité*. L'homme, une fois accoutumé aux sociétés polies des villes, dédaigne les campagnes ; à quelques misanthropes près, tout le monde est fait ainsi ; c'est le cri de la nature. Cependant, ô juste R···! si vous vous trompez, c'est par amour pour la vertu : les vices des hommes vous effraient : ils sont si méchans, si durs envers leurs frères, si perfides, qu'il suffit de les bien connaître, pour penser qu'il est difficile de vivre au milieu d'eux, sans leur ressembler en quelque chose. Le saint Légiflateur des Chrétiens l'a dit avant vous ; il ordonne de les fuir, mais il veut qu'on les aime. Sage R··, revenez avec nous ; laissez la troupe impuissante des libertins étayer l'irréligion : être honnête-homme & Chrétien, c'est la même chose. Ainsi nous ne regardons pas

comme de notre société ces Moines impu-
dens , ces Ecclésiastiques scandaleux , ces
Prélats opulens & voluptueux : un Chrétien
vit comme vous,&, à très-peu de chose près,
parle de même——.

M. de T··· dit ensuite aux jeunes-gens,
qu'il voulait faire en leur faveur un établissement qui les unît tous entr'eux par les
liens les plus forts , ceux de l'amitié & de
l'utilité réciproque. Il leur déclara qu'il se
proposait de faire de leurs biens un seul patrimoine ; qu'il augmenterait la masse par ses
bienfaits, & que chacun d'entr'eux se verrait
soutenu par tous les autres , desorte qu'ils se-
raient , autant qu'on peut l'être en cette vie,
à l'abri des misères humaines.

Pour M.me de T···,elle veillait à ce que les divertissemens des noces ne sortîssent pas des
bornes de la décence convenable à des gens
qui ne sont pas foux,& qui professent une religion sérieuse ; elle savait que l'inconséquence
de notre conduite , & le peu de rapport qui
se trouve entr'elle & les maximes saintes que
nous respectons , sont la cause la plus réelle
du libertinage & de l'irreligion. Enfin l'heure
où les nouveaux - mariés devaient se retirer
dans leur appartement étant arrivée, la Comtesse les y conduisit , seule , avec modestie,
& les y laissa sous la garde de l'Amour.

Fin de la troisième Partie.

INSTRUCTIONS

Du Comte de T··· à ses Enfans.

CE vaste Univers, & l'homme qui en est le Roi, ne se font faits ni ne se conservent eux-mêmes. Je laisse aux Philosophes leurs systêmes sur la naissance du monde : que la matière soit éternelle, ou créée, elle ne peut avoir d'autre cause & d'autre Auteur que Dieu : je m'en tiens-là. Car si elle est éternelle, elle l'est en Dieu, qui de toute éternité voulut qu'elle existât (1) : si au contraire elle fut créée dans le temps, elle est l'effet de la volonté toute-puissante de Dieu : cependant comme Dieu est immuable ; que le présent est le seul temps pour lui, on peut dire que ce qui existe est éternel, puisque Dieu l'a toujours vu, & l'aura toujours présent. Le récit de Moïse est donc l'histoire de l'arrangement de la matière, du cahos, ou celle de la création. (2) Quant à la ma-

______

(1) Pythagore, Empedocles, Anaxagore, Mélisse, Démocrite, Platon, Aristote, & tous les Philosophes de l'Antiquité, ont soutenu l'éternité de la matière.

Saint Thomas en admet la possibilité, sans blesser la Religion.

(2) Saint Augustin dit modestement : " IL Y A LIEU DE ,, CROIRE qu'avant que ce grand chef-d'œuvre sortît de vos ,, mains, IL N'Y AVAIT POINT DE MATIERE .... Le prin- ,, cipe de tout est en vous-même. ,, *Conf. L. XI.*

III.ₘ Partie.   G

nière dont s'opéra ce *chef-d'œuvre* du Très-Haut , je m'en rapporterai plutôt au Livre le plus ancien & le plus respectable , qu'à ma faible imagination. S'il se rencontre des difficultés , de grands génies les ont aperçues avant moi , & n'ont pas moins cru : Saint Augustin lui-même aurait desiré pouvoir intéroger Moïse (1). En lisant l'Histoire de la Création , il n'y voyait que le fait : les expressions de l'Auteur sacré sont métaphoriques , & se ressentent du goût que les Orientaux ont toujours eu pour les manières de parler figurées. Les termes dont il se sert signifient simplement , que le ciel , la terre, l'homme , & tout ce qui éxiste est en Dieu. Les nouvelles Écritures viennent à l'appui des anciennes pour attester cette vérité : *Nous avons en lui le mouvement & la vie ,* (2) disait cet homme fameux , le second fondateur de notre Religion. Ainsi Dieu fait tout dans l'Ecriture : dans les choses mêmes qui dépendent des causes secondes , l'homme n'y paraît que comme un instrument dont l'Ecrivain sacré néglige quelquefois de parler (3). Mes chèrs enfans , il ne suffit pas

---

Et Liv. XII , il ajoute : " le cahos n'était presque rien, ,, puisqu'il n'avait point de forme ; IL ETAIT POURTANT, ,, puisqu'il pouvait en recevoir une ,,. Rien de plus solide que ce raisonnement.

(1) *Conf.* **L. XI.** *c.* 13. au commencement. Philon traite de ridicule la distinction des jours dans la Création.

(2) *In ipso movemur & sumus.* Act. des Apôt.

(3) Dieu endurcit le cœur de Pharaon . . . . Dieu les

d'être honnête-homme ; il faut être homme religieux. Comment celui qui ne rend
pas hommage à l'Être des êtres , qui est la
divine source de son existance , se souvien-
dra-t-il de ce qu'il doit à des parens que le
hazard lui donne ? Comment aimera-t-il son
frère , obligera-t-il son ami ? Il manque au
premier des devoirs , il ne mérite pas d'ê-
tre fidèle aux autres,& de jouir de la félicité que procure la vertu. Soyez fidèles obser-
vateurs du culte saint dans lequel vous êtes
nés : votre Religion a cet avantage sur toutes
les autres , que , quand elle ne serait pas
appuyée sur l'autorité la plus sûre , quand
elle ne serait pas la plus ancienne , à la con-
sidérer dans son principe , elle mériterait
néanmoins d'être préférée par la pureté &
la sublimeté de sa morale (*) : vous allez
en juger , mes chers enfans. Je vais vous
faire part d'un Précis composé pour vous. Je
ne l'ai point tiré de ces Commentateurs, qui
embrouillent ce qu'ils veulent éclaircir ; de

chassa devant les enfans d'Israël . . . . Dieu fit tomber une
grêle de pierres... Dieu frappa Nabal, & il mourut... Dieu
mit au cœur d'Achab , &c.

(*) Auguste donnait tête baissée dans toutes les superfti-
tions anciennes & nouvelles : cependant son petit-fils *Caïus*,
en traversant la Judée dédaigna d'offrir des vœux dans
le Temple le plus auguste du monde , & où le culte était
le plus pur ; le superstitieux **Auguste** l'en loua : ce trait les
deshonore tous deux. [On doit remarquer en passant , que
tel est l'effet du mépris que les Juifs affectaient pour les autres Nations : on le leur rendait avec usure.]

G 2

ces Cafuiftes qui ne citent l'Ecriture que pour l'éluder ; ou de ces Interprètes qui voient toujours différens fens éloignés , fans jamais faifir le véritable (*). Je crois avoir raffemblé dans ce cahier tout ce qu'il faut favoir pour règler les mœurs : lorfque vous aurez atteint un âge plus avancé , vous puiferez vous-même à la fource. Lifez , mon fils ; vous en goûterez mieux les préceptes faints que cet Ecrit renferme.

PRÉCIS DE LA RELIGION.

DÈS que les hommes adorèrent un Dieu, ils le regardèrent comme l'Être, unique fource de tous les autres, qui n'exiftent qu'en lui : ils fe le repréfentèrent heureux, jufte, bon , vrai , immuable , difcernant d'un même coup-d'œil le paffé , le préfent & l'ave-

---

(*) Il ferait à defirer que les Commentateurs euffent donné des raifons auffi fatisfefantes des dogmes du Chriftianifme , que l'a fait le P. Mallebranche, en parlant du péché originel. Ce Sage ne le déduit que de caufes naturelles , & prétend que les hommes confervent dans leurs cerveaux toutes les traces & impreffions de leurs premiers parens , comme les animaux tiennent des leurs un inftinct invariable. Or comme , fuivant l'ordre établi par la nature , les penfées de l'âme font néceffairement conformes aux traces du cerveau , on peut dire, qu'auffi-tôt que nous fommes formés , nous devenons fufceptibles de penfées, de defirs & d'inclinations tout femblables à ceux de nos parens . . . . . Ainfi la tache originelle eft innée, comme la concupifcence; l'enfant n'étant que l'extenfion & le renouvellement de l'être de fes parens.

nir , rempliſſant tout de lui-même , pouvant tout, & par conféquent fouverainement parfait. Telle eſt auſſi l'idée que nous donne de l'Être-fuprême, la Religion que nous profeſſons. Elle eſt une, comme Dieu; mais elle a différens noms. Elle fe nomma d'abord *Religion naturelle* ; enfuite, *Religion Judaïque* ; aujourd'hui, *Religion Chrétienne*. Mais c'eſt toujours le même culte , la même morale ; les cérémonies & la *difcipline* extérieure ont feules éprouvé des changemens (1).

La *Religion* , ou *Loi naturelle* , précéda le temps du Légiſlateur *Moïfe :* elle était ſimple & fans appareil : les hommes n'avaient point d'autels parés , ni de Prêtres mercenaires ; l'univers était le Temple de la Divinité ; & fes Miniſtres , c'étaient tous les hommes (2). O ! jours heureux ! . . . Cette Religion confiſtait dans la vénération pour l'Être des êtres, & la juſtice envers les hommes. Deux mots la renfermaient toute entière : *Adore Dieu , Aime ton frère.*

Le *Culte Judaïque* eſt plus chargé; les pré-

____

(1) On pourrait même dire qu'elle fut une dans tous les pays & dans tous les temps , pour les gens éclairés, qui n'admirent qu'un Dieu ; & voila pourquoi il eſt poſſible que des grands hommes qui ont vécu hors de la Judée , tels que Job , l'ayent profeſſée.

(2) Les Pères étaient les Prêtres de leur famille , témoins les Patriarches ; & les Rois dans leurs Etats , comme on le voit par l'exemple de *Melchifedech* , Prêtre & Roi de *Salem*. La Loi Chrétienne renouvelle cette glorieufe prérogative , puifque S. Pierre dit que les Fideles font *un ordre de*

ceptes font plus étendus ; cependant ils ont pour fondement : *Adore Dieu, Aime ton frère*. On peut même regarder les cérémonies multipliées & les usages introduits par *Moïse*, comme de simples loix politiques, que les mœurs du temps, le climat, le caractère & le tempérameut de son peuple, rendaient nécessaires. Il fit, de certaines pratiques & de quelques privations utiles pour la santé, un précepte de Religion, pour les rendre indispensables (*).

Le Fondateur de la *Loi Chrétienne* ramène tout ce qu'il nous a enseigné à ces deux mêmes principes de la *Religion naturelle*, *Adore Dieu, Aime ton frère* : il déclare qu'ils font l'abrégé & le fondement de toute la Loi. Ce n'est donc pas une Religion nouvelle qu'il venait enseigner ; c'était le culte éternel, aussi ancien que les hommes, qu'il ranimait par ses instructions, & par la subli-

---

Prêtres Rois. Une secte de Chrétiens, actuellement existante, pense de même, que tous les Chrétiens sont Prêtres, & que l'exercice dépend seulement des lumières & de la capacité. J'ajoûte, *& des loix de la société dans laquelle on vit.* Ainsi en France, on n'est Prêtre que suivant l'usage reçu: mais dans une île deserte, par exemple, tout Chrétien est Prêtre, tant qu'il est seul, ou qu'il n'y survient pas de Prêtres ordonnés suivant les Canons ; cet homme y peut exercer toutes les fonctions Sacerdotales sans exception.

(*) Telles étaient les ablutions fréquentes, & les purifications légales ; la séparation d'avec les lépreux & les hommes attaqués de maladies honteuses ; la défense de manger de la graisse, du sang, & de certains animaux réputés impurs, &c.

meté de fa morale ; c'était le joug des pratiques minucieufes & difficiles du *Rit Judaïque* , qu'il venait ôter.

Voici les maximes contenues dans le Code Chrétien, c'eft-à-dire , l'Evangile , qui feul doit fervir de règle à notre conduite.

MORALE DE L'EVANGILE.

P O U R nous préferver du crime , notre faint Légiflateur prend le moyen le plus efficace ; il attaque le mauvais defir jufqu'au fond de notre cœur ; il en interdit jufqu'à la penfée ; & pour nous perfuader le bien , il nous le fait aimer. Sa Loi n'eft qu'amour , douceur, humilité , juftice , candeur , vraie piété , defintéreffement, chafteté. Après avoir prefcrit ce que nous devons à notre divin Père , fon premier précepte regarde notre prochain.

AMOUR FRATERNEL.

Faites aux autres hommes ce que vous voulez qu'ils vous faffent, difait-il : Aimez Dieu , Chériffez vos frères. *Donnez à celui*

(*) La Religion Chrétienne doit fe défendre elle-même : tous fes Apologiftes lui font tort, dès qu'ils entreprennent de raifonner. Qu'on prenne l'*Apologie de B***, on n'en aura pas lu cent pages , qu'on s'apercevra du faible de fes raifonnemens. Je cite en preuves les *pages* 95 , 96 , 97, 98 , 99 du tome premier , où l'Auteur raifonne fur un fait dont la difcuffion eft inutile : la morale feule fert à notre Religion d'un rempart inexpugnable, mais fi nous prétendons excufer les cruautés des Juifs , lorfqu'ils conquirent la Paleftine , nous nous embarquons mal-à-propos fur une mer orageufe, où le naufrage eft certain.

G 4

qui vous demande, & ne rejetez pas celui qui veut emprunter de vous. Aimez vos ennemis : imitons en cela le Père du monde, qui fait tomber ses bienfaits sur les justes & sur les méchans ; car si vous n'aimez que ceux qui vous aiment, quel mérite aurez-vous ? Le véritable prochain n'est pas toujours uniquement celui qui professe la même croyance ; la bienfesance rend un Samaritain notre frère. Si vous avez deux vêtemens, donnez-en l'un à celui qui en manque. Invitez les pauvres à vos festins, plutôt que les riches, parce qu'ils n'auront pas dequoi vous le rendre, & que le prix de la bonne action vous restera. Ne jugez personne, & croyez toujours le bien. Employez vos talens à l'utilité commune, & n'enfouissez pas la dragme qui vous a été confiée. Ne vous lassez jamais de pardonner à votre frère, quelque multipliées que soient les offenses. DOUCEUR. TOLÉRANCE. PATIENCE. PARDON DES INJURES.

Bienheureux ceux qui sont doux, pacifiques, & qui exercent la miséricorde ! Ne vous mettez jamais en colére contre votre frère, & ne l'injuriez pas. Cédez plutôt de votre bien que de plaider. Imitez le Père céleste, qui laisse les méchans avec les justes, & ne cherchez à leur faire aucun mal. Ramenez par la douceur ceux qui s'égarent (*).

(*) Ceci montre combien l'Inquisition & ses Auto da-fé sont contraires à l'esprit de la Religion, qui est la douceur.

*Evitez-les seulement , s'ils refusent opiniâ-
trément de vous écouter, depeur qu'ils ne vous
corrompent. Pardonnez aux autres , afin
qu'ils vous pardonnent ; & ne faites pas
comme ce serviteur , auquel son maître remit
une dette considérable , & qui prit son ca-
marade à la gorge pour quelques deniers. Mes
petits enfans , disait-il à ses Disciples , je
vous fais un commandement nouveau ; aimez-
vous les uns les autres. Venez à moi , vous
qui êtes fatigués , & je vous soulagerai : je
suis doux & humble de cœur. Venez , mon
joug est doux , & mon fardeau léger. On
ne doit point crier & disputer , encore
moins employer l'autorité ; la Religion se
persuade, & ne se commande pas (*) : Elle
ne veut que des serviteurs volontaires. Si
l'on vous frappe sur une joue, présentez l'autre , & desarmez l'homme injuste par votre
patience. Si vous vous rappelez , en portant
votre don à l'autel , que votre frère a quelque chose contre vous , courez vous reconcilier, & revenez offrir votre présent.*

(*) Tout ce qui peut donner atteinte à cette maxime ,
est un pur sophisme. Le Prince , dit-on , a droit de re-
primer l'erreur dogmatisante , parce qu'elle trouble l'E-
tat. Oui , si l'on apelle l'hérésiarque , qu'on le confonde en
présence de témoins par de bonnes raisons ; non , si on
sévit contre lui : un insensé qui débite une doctrine folle
peut faire quelques prosélytes : jamais il ne troublera l'Etat
s'il est méprisé par les deux Puissances. L'intolérance civile
est donc sans motif : l'intolérance religieuse est un sacrilé-
ge , un démenti donné au Législateur. Je renvoie les zélés
au mot de Tibère , déja rapporté.

[154]

HUMILITÉ.

*Faites vos bonnes œuvres sans ostentation, & que vos aumônes soient secrettes. Ne regardez pas les défauts des autres, mais considerez que vous en avez peut-être de plus grands. Que celui qui veut être le premier, & s'élever au-dessus des autres, soit le dernier de tous. Apprenez que la sagesse aime à se découvrir aux petits, & que la présomption l'éloigne des faux savans. Lorsque vous serez invité, prenez la dernière place. Les plus grandes choses ont souvent des commencemens méprisables; le grain de senevé devient un grand arbre. Rendez-vous petits comme des enfans, & ne vous préférez à personne, parce qu'on élève celui qui s'abaisse. Retirez-vous de moi, disait Pierre, parce que je suis un pécheur. Notre Législateur s'enfuit, parce qu'on voulait le faire Roi; & toujours il prend le titre de Fils de l'homme (*).*

JUSTICE.

Heureux ceux qui aiment la Justice; car ils sont dignes de l'obtenir. Il faut la rechercher avant tout, & la préférer à ce que l'on

------

(*) Je ne sais comment il a pu tomber dans l'esprit d'un Philosophe connu, que l'humilité Chrétienne n'était pas une vertu. Bon Dieu ! l'arrogance cesserait donc d'être un vice ; la déférence, la douceur de caractère, ne rendraient donc plus aimable ? L'humilité n'est que la perfection de la modestie : mettez ensemble deux hommes humbles, ce seront deux Anges sur la terre ; & leur conduite prouvera que l'humilité chrétienne est la source de toutes les vertus.

a de plus cher ; quitter pour elle, son père, sa mère, ses frères & ses amis. Regardez la justice & la miséricorde comme l'essenciel de la Religion : aucun état n'en dispense : le soldat à la guerre, le partisan, dans les finances, ne doivent rien exiger que de juste : le Magistrat sur son tribunal ne doit point se hérisser d'une sévérité déplacée ; il doit consulter l'humanité & sa propre faiblesse ; que celui d'entre vous qui est sans péché, jette la première pierre.

C A N D E U R.

Heureux ceux qui ont le cœur pur ! On connaît l'homme par l'objet de son affection ; on ne peut allier les deux contraires, & servir deux maîtres dont les intérêts sont opposés. Soyez sans détour & sans fiel comme la colombe. Celui qui a le cœur droit, profite de tout : on donnera à celui qui a déja. Ne jurez point ; mais dites avec simplicité, cela est, ou cela n'est pas (*).

V R A I E   P I É T É.

Ne vous attachez point aux pratiques extérieures, elles ne sont que l'écorce de la Religion, & souvent un abus. Il faut adorer Dieu en esprit & en vérité, *& non par de longues prieres. Elles doivent être courtes*

(*) Ceci ne dispense point du serment de fidélité au Chef de l'Etat, & de ceux qu'on exige pour les Magistratures, ou pour témoigner en Justice ; mais c'est une prohibition des sermens familiers où l'on prend en vain le nom de Dieu, son âme, son salut, sa santé &c. expressions indécentes, & proscrites par la raison.

[156]

(*) & *ferventes : Notre Père qui êtes au ciel , &c. La Piété & la Religion ne consistent pas non plus dans les jeûnes & les abstinences ; ce sont les mauvaises actions qui souillent l'homme , & non pas ce qu'il mange : le Fils de l'homme est venu mangeant & buvant. Le joug de la Religion est doux. Faire de bonnes œuvres , c'est la meilleure manière d'observer le Sabbat. L'inutilité en tout genre est un crime. Celui qui n'amasse point , doit être regardé comme un dissipateur. On reconnaît l'arbre par ses fruits : ceux qui prient , sans faire de bonnes-œuvres , n'ont pas de Religion ; ils ressemblent à une maison bâtie sur le sable , qui s'écroule avant d'être achevée : mais ceux qui joignent les actions à la prière , bâtissent sur le roc , & leur édifice est solide. Soyez fidèles dans les petites choses , & vous le serez dans les grandes ; car un verre d'eau donné par amour , est une action louable. Les Ministres qui abusent de la Religion , pour frustrer les héritiers de leurs biens , éludent la Loi , & commettent le crime reproché aux Pharisiens , lorsqu'ils conseillaient aux en-*

(*) On n'a commencé à se servir du chant dans les Eglises que sous Saint Ambroise , Archevêque de Milan , au quatrième siècle, c'est-à-dire , lorsque la Piété s'était déja relâchée. Jesus reproche aux Juifs leurs longues prières , en même-temps qu'il donne à ses Disciples une formule très-courte. Chez nous , les Offices sont trops longs , & nuisent par-là plus qu'ils ne profitent à la Religion , sur-tout dans les campagnes.

sans de dire à leurs pères : Tout don que j'offre pour vous au Seigneur vous est utile : & qu'ils les dispensaient ainsi de prendre soin de leurs parens (1).

CONFIANCE.

Travaillez courageusement , mais sans inquiétude : les oiseaux du ciel ne vous valent pas , & cependant la Providence les nourrit : le Père des hommes connaît ce qui vous est nécessaire ; il fait tout pour le bien de ceux qui espèrent en lui.

PAUVRETÉ : DESINTÉRESSEMENT.

Heureux les pauvres ! il est impossible de ne pas s'écarter du sentier de la vertu au sein des richesses (*). *Souvenez-vous que les oiseaux du ciel ont des nids , que les renards ont des tanières ; notre saint Législateur n'eut* pas où reposer sa tête. Donnez gratuitement *aux hommes* ce que vous avez reçu gratuitement.

______

(1) J'ai défendu l'humilité ; mais j'attaque le jeûne : il est, non la perfection , mais l'abus de la sobriété ; comme le célibat l'est de la chasteté. Le corps veut des alimens réglés ; se priver du nécessaire , ne peut être une vertu que dans certaines circonstances particulières, que notre Législateur avait en vue , lorsqu'il en a parlé.

(2) Pour que les riches puissent faire une seule bonne œuvre , il faut qu'ils commencent par restituer à la société tout ce qu'ils ont de plus que le commun des hommes; autrement l'injuste rétention de ce bien empoisonnera tout ce qu'ils peuvent faire. C'est-là le sens de la maxime de l'Evangile , conforme à la Loi naturelle , dont elle est le complément.

[158]

PRUDENCE.

Imitez la prudence du serpent, comme la simplicité de la colombe. Ne jetez point les perles devant les pourceaux. N'imposez pas aux autres des fardeaux que vous-même ne pouvez porter. Que votre conduite soit prudente avec les ignorans & les pécheurs; cependant voyez-les, *car* ce ne font pas ceux qui font en fanté, mais les malades qui ont befoin de médecin. Perfonne ne commence à bâtir une tour, qu'il n'ait auparavant fupputé s'il a dequoi l'achever. *Ne mettez donc pas la main à la charrue, pour regarder derrière vous.*

CHASTETÉ.

Sachez qu'un regard imprudent fait naître le defir, & que le defir est déja crime.

LE MARIAGE.

L'union fainte du Mariage doit durer autant que la vie, à moins que l'un des deux ne viole la foi qu'il a promife à l'autre(*). L'homme quittera fon père & fa mère pour s'attacher à fa femme, & ils ne feront plus deux, mais une feule chair. (*Et les Apôtres ont ajouté, d'après les inftructions de leur Maître :*) Aimez vos époufes, comme Jefus a aimé fon Eglife, & s'eft livré pour elle. Les

---

(*) Quicorque quitte fa femme , SI CE N'EST EN CAS D'ADULTERE, & en époufe une autre , commet un adultère. *Matthieu ,* c. 19 , v. 9. Le Mariage doit être diffous par l'adultère de la femme : mais nos Loix ne rendent pas la liberté au mari , à caufe de l'honnêteté publique , même lorfqu'il n'y a pas d'enfans; & par un motif de plus , lorfqu'il y a des enfans.

époux doivent aimer leurs épouses comme leur propre corps : *Qui aime son épouse, s'aime lui-même.* Que l'épouse révère son mari, comme son chef & l'image de Dieu même. *Que le Mariage soit respecté de tous, & que le* lit nuptial soit sans tache, (*ce précepte a bien des sens, qui tous sont le fondement de l'honnêteté publique & particulière*). Car, ajoute *l'Apôtre des Gentils*, ce Sacrement est grand dans l'Eglise.

DEVOIRS DES PÈRES.

Pères, n'irritez point vos enfans, *dit S. Paul*, mais élevez-les dans la sagesse : ne les abrutissez pas, depeur de les rendre pusillanimes : apprenez-leur à être sobres, prudents, chastes : élevez vos filles dans toutes ces vertus, & dans les soins du ménage, les accoutument de bonne-heure à être soumises à leurs maris. Que les vieillards donnent à la jeunesse l'exemple de la sobriété & des autres vertus. Qu'ils soient graves, modestes, affectueux, patiens avec prudence : que les mères-de-familles se mettent modestement; qu'elles fuient la médisance, *& les excès qui peuvent diminuer la considération qui leur est due : que leur conduite, en un mot, soit un livre toujours ouvert, où les jeunes filles puissent lire.*

DEVOIRS DES ENFANS.

Honorez votre père & votre mère : celui qui aura mal parlé contre son père ou contre sa mère, est digne de mort : c'est effective-

[160]

ment que vous devez les foulager, & non
en offrant à Dieu pour eux des facrifices ou
des prières. (*Et l'Apôtre ajoûte :*) *Enfans,
obéiſſez à vos parens ; car c'eſt un devoir.
Honorez votre père & votre mère ; car c'eſt le
premier précepte de Dieu, auquel ſoit jointe
une récompenſe temporelle : obéiſſez-leur en
tout ; car c'eſt une choſe agréable au Seigneur. Et le ſaint Légiſlateur, qui prévient
tous les abus, a ſoin de nous avertir, que
ia ſeule exception à cette Loix, eſt lorſque
nos parens nous commandent le crime.*

SOUMISSION AU GOUVEREMENT.

*Rendez à Céſar ce qui eſt à Céſar. Soyez
ſoumis aux Puiſſances établies de Dieu ;
car elles ne portent le glaive que contre le
méchant : priez pour les Rois & pour tous
ceux qui ſont conſtitués en dignité, afin
que vous meniez ſous leur Gouvernement une
vie douce & tranquille.*

FRANCHISE.

Soyez ſimples comme la colombe : ne jurez
pas ; mais contentez-vous de dire : *cela eſt,
ou cela n'eſt pas.*

TRAVAIL.

*Les hommes rendront compte de toutes les
paroles inutiles qu'ils auront dites. Celui qui
aura enfoui dans la terre le talent qu'il avait
reçu, ſera puni comme s'il en avait mal uſé.
Celui qui ne travaille pas, ne doit point manger,* ajoute l'Apôtre des Nations.

AUTRES MAXIMES CONSOLANTES.

Ce n'est pas un véritable malheur, d'être injustement persécuté par les méchans.

Les larmes du juste dans l'oppression, sont d'heureuses larmes.

Ont doit plaindre ceux qui s'abandonnent à une joie folle.

Soyez unis : Tout Royaume divisé contre lui-même ne pourra subsister.

Cette pauvre veuve n'a donné que deux oboles ; cependant je vous déclare qu'elle a plus mis que tous les riches ; car elle a donné de son indigence même, &c.

La Religion Chrétienne , mes enfans, trace la route de toutes les vertus : qui la suit , est honnête-homme ; c'est-à-dire , bon fils , bon mari, bon père , bon citoyen : si quelques-uns de nos devoirs réciproques ne s'y trouvent pas formellement exprimés , ils résultent de l'ensemble : tel est le respect pour les Vieillards , &c. D'ailleurs, l'ancien & le nouveau Testament sont liés : il est dit dans le Lévitique : Levez-vous devant ceux qui ont les cheveux blancs , honorez la personne du vieillard , *c.* **19** *, v.* **23** (*).

(*) Le peuple le plus célèbre de la Grèce , par son courage & ses Loix , a dû long-temps l'union & la concorde qui règnaient entre ses citoyens au respect que la jeunesse portait aux Vieillards. Lycurgue reserva pour eux les principaux honneurs de sa République : ils avaient une inspection générale sur les jeunes-gens , & tous les droits de l'autorité paternelle. On ne saurait croire combien cette seule différence dans les mœurs unissait tous les citoyens & rapprochait

DES MINISTRES.

*Les Prêtres d'une Religion qui fait un précepte de la pauvreté, ne peuvent être riches, sans une sorte d'apostasie. Des hommes auxquels la Religion défend de ne porter avec eux ni or, ni argent, doivent prendre garde de ressembler aux Pharisiens, qui, sous prétexte de zèle pour la maison de Dieu, dévoraient la veuve & l'orfelin. Qu'ils se souviennent d'être soumis aux Puissances: ils doivent leur payer le tribut. L'usage des biens qu'on leur a donnés, est d'être uniquement employé, leur entretien prélevé, au soulagement des pauvres (*). Le plus*

---

tous les âges. Des honneurs & des respects si justes, sont aussi doux pour celui qui les rend, que consolans pour celui qui les reçoit. Ce commerce, d'ailleurs, est égal : on jouit à son tour des mêmes hommages ; on emploie une partie de la vie à se préparer pour l'autre un avenir plus heureux, & rien n'est plus touchant que les larmes que l'attendrissement fait répandre à un Vieillard vertueux & satisfait de son sort, qui bénit ceux qui l'entourent.

Chez les peuples corrompus, l'âge des passions doit nécessairement être plus estimé que celui de la sagesse : mais qu'en arrive-t-il? Les Vieillards qu'on y néglige, deviennent des censeurs chagrins & incommodes : ils se vengent des mépris qu'on leur fait essuyer par l'aigreur de leurs réprimandes, par l'amertume de leurs reproches : aulieu que chez les Lacédémoniens, ils aimaient les jeunes-gens, & célébraient tous leurs succès avec transport ». Voila comme pensaient des Peuples qui avaient une Loi bien moins parfaite que le Christianisme.

(*) Saint Paul voulait un témoin de sa fidélité à dispenser les aumônes de l'Eglise, afin qu'on ne pût lui reprocher de s'être rien attribué d'une chose, dont il assure *qu'il n'est que le dispensateur.*

grand des crimes pour un Ministre, c'est le scandale que peuvent causer ses mauvais exemples. *La puissance & l'autorité qui leur est confiée, n'est pas de ce monde.* C'est à eux sur-tout qu'il est recommandé de renoncer à soi-même, de porter sa croix. *Le bon Pasteur doit tout sacrifier pour son peuple ; non-seulement ses biens, mais sa vie même. Il faut en même-temps que la modestie & l'humilité couvrent leurs bonnes actions :* une Prostituée est préférable *à un* Ministre hypocrite & rempli d'orgueil : *qu'ils nettoyent donc le dedans de la coupe, sans négliger le dehors.* La lampe doit être placée sur un chandelier: *ceux qui sont éclairés, doivent conduire les autres ; mais non chercher à établir leur domination: souvent il arrive que la présomption pousse dans le ministère; alors l'on voit un aveugle en conduire un autre, & tous deux tombent dans le précipice. L'inutilité rend les* Ministres *criminels. Paul travaillait pour vivre. Ils ne doivent dédaigner personne ;* tous les hommes sont égaux : nous sommes les enfans & la race de Dieu. *Que sur-tout ils évitent le fanatisme, & ne s'écrient jamais, comme* ces Juifs qui accusaient *Paul* devant le Gouverneur de Syrie : Ce serait un crime de laisser vivre cet homme : *qu'ils soient, comme leur maître, doux, humbles, bienfesans, amis de la paix ; qu'ils se souviennent que les Chrétiens* ne sont ni à Céphas, ni à Paul, *mais à Dieu ; qu'ils ne font pas les* Minif-tres de la Loi qui tue ; *mais de fon* efprit qui vivifie.

Je ne parlerai pas des dogmes ; ils font aſſez connus. Je n'entreprendrai pas non plus de défendre la Religion contre les attaques des Incrédules : j'ai toujours penſé qu'on ne devait pas chercher à appuyer fur des rai-ſonnemens humains , une Religion dont plu-ſieurs dogmes font des myſtères au-deſſus de la raiſon. Que ceux qui la combattent , cette Religion ſainte, fachent ſeulement, que c'eſt à elle qu'ils doivent cette liberté dont ils abuſent (1) : il n'eſt pas un homme en Euro-pe , qui ne ſoit ſon affranchi , & qui par con-ſéquent puiſſe s'élever contr'elle ſans félonie & la plus noire ingratitude. Nous lui devons la douceur de notre gouvernement ; ſa politeſſe & l'aménité de nos mœurs ; l'aboliſſement de ces coutumes barbares qui deshonoraient les cultes anciens(2). Qu'on ne lui reproche point les guerres fanglantes , les maſſacres , les révoltes & l'Inquiſition ; on vient de voir que rien n'eſt plus oppoſé à ſon efprit. Qu'on ne l'accuſe pas non plus du malheur de tant de Citoyens renfermés dans des cloitres : l'ef-prit de l'Egliſe n'eſt pas qu'on employe la ſé-

---

(1) Le Pape Alexandre III donna une Bulle , qui portait: *Que tous les fidèles qui croient en* J. C. *ſoient libres.* Elle fut promulguée de concert avec les Princes Chrétiens. Elle n'a pas encore eu ſon effet en Pologne, où néanmoins tout ce qui émane des Papes eſt plus reſpecté qu'ailleurs.

(2) Voyez ci-après la NOTICE des *Relig.* anc. & *modernes.*

duction ou la violence , pour confacrer des Vierges à J.C. Cet important facrifice de tout foi-même doit être réfléchi, & ne devrait s'accomplir que dans l'âge de la plus parfaite maturité. A moins d'une vocation particuliè- ra , honorons la Divinité dans la route tra- cée par le guide qu'elle met au-dedans de chacun de nous ; c'eft-à-dire , la raifon. Par quelle audace , un être faible fortira-t-il du fentier commun ; promettra-t-il au fou- verain Être plus qu'il n'éxige ? Infenfé ! igno- rerions-nous que tout l'univers rend homma- ge à fon Auteur par l'ordre admirable avec lequel fes différentes parties fe meuvent? Les Planettes ne changent pas leurs cours ; les faifons ne fe renverfent pas , pour l'honorer davantage : il eft l'ordre par excellence ; le defordre , le cahos , l'inutilité , lui font op- pofés comme les ténèbres le font à lumière. L'homme raifonnable ne peut laiffer tomber fes regards qu'avec un douloureux faififfe- ment fur ces victimes que des parens dénatu- rés immolent , non pas à Dieu , mais à la cupidité , à des prédilections coupables, &c. Il eft faifi d'horreur, comme s'il était témoin des facrifices abominables des *Moabites* à *Moloch*, des *Carthaginois* à leur *Saturne*, & des *Druides* à leurs monftrueufes Divinités. Le fang humain ne coule plus fur les Autels; mais on y traine des victimes gémiffantes : elles y font un ferment, des vœux. ... elles renoncent à tout , à la liberté même , le plus doux des biens de la vie .... & ce font leurs parens qui les immolent !... Mon fils, ma chère fille, vous allez être heureux par une union fainte. Le tendre amour unit vos âmes : vous nagez dans une allégreſſe délicieuſe & pure : mais que ferait-ce, ſi l'un de vous, ou tous deux euſſiez été deſtinés à paſſer votre vie dans des cloîtres, inutiles au monde & loin du bonheur ! .... Voila, mes enfans, comme ont toujours été les hommes : ils outrent ce qui n'eſt que de conſeil ; ils négligent les préceptes. Aimons notre fainte Religion, pratiquons-la dans fa pureté ; elle fut inſtituée pour le bonheur du genre-humain ; des gens intéreſſés, & les mauvais pères, en abuſent ; déteſtons cet abominable attentat...... Ils viendront peut-être, ces tems heureux, où la Patrie ne verra plus tant de membres perdus pour elle ; où les aziles du malheur ne feront plus arroſés de larmes, où la Religion recouvrera fon luſtre & fa pureté. Faites, grand Dieu ! que nous en foyons témoins, & que nos bouches en rendent grâce à l'auguſte Monarque qui fait règner la piété, fleurir la juſtice, & qui contraint la diſcorde odieuſe à rentrer dans fes goufres immondes. C'eſt le vœu de mon cœur, mes enfans. Il n'eſt pas moins ardent que ceux que je forme pour votre bonheur.

APRÈS vous avoir donné le fommaire de la Morale fublime que le faint Légiſlateur des

Chrétiens a fait connaître au monde entier, jetons maintenant un coup-d'œil fur tous les autres Cultes auxquels le Chriftianifme a mis fin, ou qui fubfiftent dans les lieux où il n'a point encore fait triompher la vérité. En_fuite je vous dirai un mot du *Mahométifme*; & je terminerai cet Entretien par la férie de toutes les fectes qui ont déchiré le fein de l'Eglife.

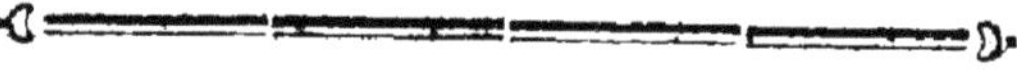

NOTICE

Des Religions du monde anciennes & modernes.

LES différens Cultes ou Rits fortirent de la Religion na-turelle, qu'ils ont infenfiblement défigurée.

Je commencerai par l'Afie, & par la Religion Judaïque elle-même, parce qu'elle fe divifa en plufieurs fectes, dont quelques-unes étaient orthodoxes, & d'autres ne l'étaient pas. Je mets au nombre des premières, les vrais *Prophètes*, tant ceux qui furent extraordinairement infpirés de Dieu, ceux qu'un zèle pur & éclairé portait à reprendre les vi-ces de leurs temps, que ceux qu'on appelait *fils des Pro-phètes*, qui vivaient en commun & formaient une fociété de gens pieux, fidèles obfervateurs de la Loi.

Les *Hemerobaptiftes* ou *Pharifiens*, qui furent comme les Stoïciens des Juifs. Leur nom de *Pharifiens*, fignifie *fépa-rés*, parce qu'ils affectaient de fe diftinguer du commun des hommes, pour mener une vie plus régulière & plus auftère; & celui d'Hémérobaptiftes leur fut donné, parce qu'ils fe lavaient fouvent.

Les *Scribes de la Loi*, étaient des favans chargés d'écrire & d'expliquer les Livres faints, à-peu-près comme les Lettrés à la Chine. Tel était Efdras, & ceux dont il eft parlé dans l'Evangile. D'autres étaient les Notaires publics, & ceux-là fe nommaient *Scribes du peuple*.

Les *Nazaréens* ne formaient pas proprement une fecte: c'étaient des particuliers qui fefaient vœu de s'abftenir de vin & de toute boiffon forte, d'approcher des morts, & de tout ce qui pouvait les rendre légalement impurs; ils laiffaient croître leur barbe & leurs cheveux. Quelques-uns l'étaient toute leur vie, comme Samfon; d'autres pour un temps, comme Abſalom qui coupa ſes cheveux le trentième jour de ſon vœu ; ſaint Paul , &c.

Les *Réchabites* ; ceux-ci ne buvaient point de vin , ne ſemaient ni ne reueillaient , ſuivant le précepte de Réchab leur père , & paſſaient toute leur vie comme des étrangers ſous des tentes.

Les *Eſſéens* ou *Eſſéniens* ; ainſi nommés , à cauſe de leur expérience à guérir les maladies : Ils vivaient comme nos Solitaires de la Thébaïde , à l'exception que quelques-uns d'entr'eux ſe mariaient pour la multiplication. C'était une ſecte contemplative , & fort triſte. Elle diſparut la première , & ſe mêla avec les Chrétiens , dont les mœurs étaient entièrement conformes aux ſiennes.

Les ſectes hétérodoxes étaient :

Les *faux Prophêtes* , qui vivaient en communauté comme les fils des Prophêtes , & ſervaient le vrai Dieu ; mais ne s'occupaient qu'à flater les Rois impies de Juda & d'Iſraël.

Les *Sadducéens* , ainſi nommés de *Tſédik* , juſtice. Ils rejetaient toutes les écritures , & n'admettaient que les V Livres de Moïſe , niaient l'immortalité de l'âme , feſaient Dieu corporel ; ne croyaient ni Anges , ni eſprits , ni Providence.

Les *Samaritains* : ceux-ci , outre qu'ils étaient ſchiſmatiques, étaient encore dans les mêmes opinions que les *Sadducéens* , à l'exception qu'ils reconnaiſſaient des Anges.

LES AUTRES PEUPLES répandus ſur la ſurface de la terre , en s'éloignant du centre , s'écartèrent de même des idées primitives & des notions de la Divinité.

Les anciens BABYLONIENS , après un long eſpace de temps, ſéduits par leurs *Chaldéers* ou *Mages* , adorèrent *Bel* ou *Baal* , qu'ils regardèrent comme le ſouverain Dieu , ſuivant la ſignification de ce mot *Bel* , qui veut dire *ſeigneur*. Ils honorèrent également *Aſtaroth* ou *Aſtarté* , femme de ce Dieu. On prétend que *Ninus* fit adorer ſous ces noms ſon père & ſa mère , auxquels il bâtit le premier Temple de l'univers. Cependant tous les jours le Roi offrait au Soleil un cheval blanc , ſuperbement harnaché. Ils adoraient le Feu ſous le nom de *Négo* , & la terre ſous celui *Shaca*. Leurs femmes ſe proſtituaient aux Etrangers pour de l'argent en l'honneur de *Melyta*. Ils niaient la création du monde , qu'ils croyaient éternel.

Les principaux Dieux des SYRIENS furent *Baal-Zébub* ; un Priape , nommé dans leur langue , *Baal-pheger* ; Bel , *Baal-Berith* ; *Baal Semen* , *Dag* ; *Aſtarté* , ou la *Déeſſe Syrienne* , ſi fameuſe par le culte qu'on lui rendait à *Hiérapolis* (la Ville ſacrée) où les hommes ſe châtraient en ſon honneur , & prenaient des habits de femmes : on les nommait *Galles*. Il y avait dans le ſanctuaire du Temple (où le Grand-Prê-

tre

tre seul pouvait entrer une fois l'année) deux *Priapes* ou *Phallus* (c'était le membre viril) : Cette *Astarté* était une *Junon*. Ils avaient encore *Adrammelech* , *Anamalech* , *Nergal* , *Ashima*, *Nebhas*, *Tartak* ; *Chemos*, *Milchom*, *Remphan* , *Moloch* ou *Molech* (c'était une *Saturne*) *Thamus* ou *Adonis* (c'était le Soleil) : & plusieurs idoles , qui n'étaient probablement , ainsi que dans toutes les autres Religions , dont je parlerai , que divers attributs de la divinité, personifiés , & pour ainsi dire matérialisés.

Les PHENICIENS étaient obligés de sacrifier tous les ans à *Malach* ou *Saturne* , de petits enfans, & de commettre dans son Temple toutes sortes d'impuretés avec les femmes , & même de s'y rendre pédérastes. Par principe de Religion , ils prostituaient leurs filles à tout venant quelques jours avant de les marier. (L'origine de cette coutume était singulière : jamais les hommes ne font gratuitement méchans : ils prétendaient par-là calmer *Vénus* , c'est-à-dire, rassasier leurs filles de volupté , afin qu'elles fussent chastes dans le mariage : ils avaient encore un autre but qui était raisonnable dans leurs idées , quoiqu'abominable pour nous). *Adon* ou *Adonis* , avait une fête , où les femmes se rasaient la tête : celles qui le refusaient étaient obligées de se prostituer pour conserver leur chevelure, un jour entier aux Etrangers. *Astarté* & *Dagon* y étaient adorés sous le nom d'*Atergatis* , & de *Dercetis* ; la première sous la figure d'un mouton , & le second avec celle d'une syrène.

Les ARABES adoraient le Soleil, la Lune , les Etoiles, les Serpens , les Arbres. Les *Nabathéens* brûlaient de l'encens à l'honneur du Soleil. L'adultère était puni parmi ces peuples, & l'inceste regardé comme une action indifférente. Leurs Prêtres ne mangent point de porc. Ils ne peuvent ramasser la canelle avant qu'elle soit offerte à Dieu ; après la cérémonie , ils la divisent avec une pique consacrée, en donnent une partie au Soleil, & prennent le reste. Ils font circoncis à l'âge de treize ans: ils payent la dixme de leur encens au Dieu *Salis*,& les Prêtres la reçoivent par mesure,& non au poids. Ces Prêtres pouvaient être tués , dès qu'ils sortaient de l'enceinte qui leur était destinée : l'on tempérait par-là l'autorité souveraine dont on consentait qu'ils fussent revêtus.

Les anciens PERSES n'avaient ni Temples, ni Autels, ni même d'Images , regardant tout cela comme indigne de la Divinité, Ils offraient sur la pointe des rochers des sacrifices au *Ciel*, au *Soleil*, à la *Lune* , au *Feu*, à la *Terre* & aux *Vents*. Faire des dettes & mentir étaient deux crimes odieux à ces peuples. Ils ne pouvaient jeter rien d'impur dans le *feu* ou dans les *rivières*. Leurs principales Fêtes étaient celle du *Soleil*, & celle *de la destruction des Défauts* , dans laquelle ils tuaient des bêtes venimeuses , & les offraient au

III.me Partie.   H

Soleil. Ils nommaient l'aître du jour *Mithra :* à son lever, & lui offraient tous les jours des chevaux blancs pour le Roi.

Vesta , Jupiter , Apollon , Mars , Hercule , étaient les Divinités des anciens SCYTHES ; ils n'avaient cependant point d'Images ni d'Autels, (peut-être faute d'Artistes,) si ce n'est pour *Mars ,* auquel ils construisirent un Temple de faisceaux de bois de flèches : au milieu de ce Temple était un vieux glaive de fer, qui représentait le Dieu, Tous les ans ils offraient à cette singulière Divinité de jeunes bœufs , des chevaux & un Prisonier de chaque centaine de ceux qu'ils avaient faits : ils coupaient l'épaule draite de ces malheureux , & la jetaient en l'air.

Les anciens TARTARES invoquaient le *Soleil ,* les *Etoiles,* le *Feu ,* la *Terre* & l'*Eau.* Ils offraient tous les matins les prémices de ce qu'ils devaient manger. Ils reconnaissaient un Dieu , principe de tout ; mais ils disaient qu'il ne falait ni l'adorer , ni le prier. Ils offraient à l'Image de l'Empereur des chevaux, qu'on regardait ensuite comme sacrés. Ils ne pouvaient briser les os de quelqu'animal que ce fût , ni faire de l'eau dans leur tente, sous peine de mort. Ils étaient Métempsycosistes. Ils nourrissent les *Esprits ,* ou *Mânes ,* avec du lait qu'ils jetent en l'air. Ils ont des Religieux d'un ordre nommés *Senfcin ,* qui ne mangent rien autre chose que du son trempé dans de l'eau chaude. Ils sont très-tolérans. Ils ne se marient pas ; mais chaque homme voit telle femme qui lui convient , & en change comme il lui plaît. Lorsqu'ils n'enterrent pas leurs morts , ils les pendent à des arbres , fur lesquels leurs Prêtres ont coutume de monter pour leurs prédications : lorsque ces Ministres ont fini leur exhortation, ils arrosent leurs Auditeurs avec un mélange de fang , de lait & de bouze de vache.

En *Sachion ,* les Tartares offrent des beliers à celles de leurs Idoles auxquelles ils ont dédié leurs enfans ; avant de mettre le feu au bucher des morts , on fert à leurs âmes des mets pour les rafraîchir , tandis que les corps, auxquels elles tiennent encore , brûleront : ils jettent en même-temps dans le feu des images des femmes, des enfans & des gens des décédés , pour les servir dans l'autre monde. En *Iingoth ,* ils adorent des Idoles avec des têtes & des mains. En *Succuir ,* ils font des parfums de rhubarbe pour leurs Dieux. A *Caindu ,* ils prostituent leurs femmes , leurs sœurs, leurs filles aux Etrangers, en témoignage d'honneur. Il en est à-peu-près de même au *Cathay* & à *Mangi :* dans ces Pays, les malades promettent d'offrir leur fang à leurs Idoles , s'ils reviennent en santé. Les Moines portent des ceintures d'une toile mince , pleines de coquilles de noix avec lesquelles ils prient tout le jour.

Tous ces Peuples avaient une idée , mais défigurée, de s

Religion naturelle qu'ils tenaient de leurs ancêtres , & non des Juifs , avec lesquels ils ne pouvaient avoir aucune communication.

Dans la Nouvelle-Zemble , auprès du Pôle , il n'y a point de Religion prescrite par aucune Loi : ils adorent le *Soleil* tant qu'il paraît sur leur horison ; & lorsqu'il disparaît , la *Lune* & l'*Étoile* du Nord , à laquelle tous les ans ils sacrifient un cerf. Les *Samoyèdes* , sujets du Czar, ont un Temple pour chaque famille : leur Prêtre est le plus avancé en âge de la famille : il fait des choses surprenantes ; comme de s'enfoncer une épée dans le ventre , de la retirer , de la chauffer ensuite , pour se la mettre dans le nombril , d'où il la fait sortir par l'anus. Tandis qu'il se fait à lui-même souffrir ce supplice , deux hommes qui sont auprès de lui, le tirent avec un cordon par la tête & l'épaule dans une chaudière d'eau bouillante , de laquelle il sort sain & frais (dit-on).

Les *Chinois* (voisins des Peuples dont je viens de parler) ont deux Religions : la première assez pure , dans laquelle il n'y a qu'un seul sacrifice par an , offert par l'Empereur lui-même au Souverain du Ciel. Le Monarque Chinois regarde cette glorieuse prérogative comme le plus beau fleuron de sa couronne. La seconde Religion est celle du Peuple. Elle est proportionnée aux esprits grossiers pour lesquels elle est faite: les *Bonzes* l'ont remplie d'absurdités & de fourberies. Ces Prêtres excitent les peuples à faire de fréquens sacrifices ; ils leur persuadent qu'ils nourrissent leurs Dieux avec la fumée , tandis qu'eux-mêmes se nourrissent des viandes offertes. Les *Bonzes* battent ces pauvres Dieux pour s'en faire exaucer , & les traitent fort rigoureusement. On adore à la Chine le Diable , par crainte. On y croit la transmigration des âmes dans le corps des animaux. Les Moines Chinois sont distingués par les couleurs , *noire* , *blanche* , *jaune & rougeâtre* : ils ont des *Prieurs* , des *Provinciaux* & un *Général* : ils ne possedent rien en propre ; ils vivent de ce que le Roi leur donne , & des aumônes des peuples superstitieux. On trouve aussi dans ces vastes contrées des Religieuses. Les Prêtres séculiers portent de longs cheveux & des habits noirs. Ils ne connaissent ni Paradis , ni Enfer , & n'en sont ni moins dévots , ni moins soumis à leur Prince.

Les *Indiens Brachmanes* adoraient l'Être suprème , principe de tout bien ; c'est *Orimane* : ils reconnaissaient un principe du mal , qu'ils nommaient *Arimane*. Le Peuple sacrifiait aux *Rivières* , & sur-tout au *Gange* , aux *Montagnes* & aux *Arbres élevés*. Depuis Bacchus & Alexandre , ils adorerent des Dieux des Grecs. Les Brachmanes vivaient fort durement: plusieurs de leurs maximes sur la chasteté , l'abandon des biens temporels , le détachement de ſes proches , l'indifférence pour les membres même de ſon propre corps , le mépris de la vie, ſe retrouvent dans l'Evangile.

Les SIAMOIS adorent les quatre *Elémens* : ils ſont en conſéquence partagés en quatre Sectes différentes, & chacune deſire que ſon corps ſoit rendu à l'Elément qu'elle adore. Ils croient un Dieu rémunérateur , & penſent que le monde ſe continue par des périodes de huit mille ans , après chacune deſquelles il eſt purifié par le feu , & renouvelé par l'eau. Il ne reſte ſur la terre que deux œufs , d'où ſortent un homme & une femme qui repeuplent le Globe. Les Religieux ſont auſtères : ils ſont punis de mort , ſeulement pour avoir parlé à une femme : ils mendient , ne peuvent ni vendre , ni acheter , ni rien poſſéder : il leur eſt défendu de rien élever qui ſoit féminin , pas même une poule.

Au PÉGU , l'on adore le *Soleil* comme *le bon principe* , & la *Nuit* comme *le mauvais*. Il y a des Moines , nommés *Talipons* , qui prêchent continuellement , & qui reçoivent les aumônes qu'on leur fait ſans ceſſer de parler. Ils célebrent toutes les nouvelles Lunes , apparemment dans un eſprit cyclique , ainſi que les Chinois , les Grecs , les Romains mêmes , & beaucoup d'autres Peuples.

Le *Gange* eſt la divinité du BENGALE : quiconque peut boire de l'eau de ce fleuve à l'article de la mort , ſe croit ſauvé. Ils ont auſſi d'horribles idoles , qu'ils honorent à proportion de leur difformité. Les Mariages ſe font avec une eau compoſée par les Prêtres. Les mariés tiennent une vache avec ſon veau par la queue , & jettent de cette eau deſſus ; enſuite le Prêtre attache les habits des mariés l'un à l'autre , pour marquer leur union ; ils finiſſent la cérémonie en tournant autour de la vache & du veau , qui reſtent au Prêtre (ſuivant la coutume générale). Ils font enſuite quelques aumônes aux pauvres , & donnent aux idoles quelque pièce d'argent. A *Jém[é]na* , on prie tout nud dans l'eau.

A MAGOR , le peuple croit la Métempſycoſe ; ils ont une idole , qui repréſente une femme avec pluſieurs têtes & pluſieurs mains : ce pourrait être une *Cérès*.

L'on a la même Religion, à peu de choſe près, à CAMBAJA : les Religieux, Pythagoriſtes outrés, craignent de tuer une puce , &c. On rachete dans ce pays les criminels condamnés à mort, & on les vend pour être eſclaves. Ils ſe retirent des chemins , pour ne pas marcher ſur les fourmis , &c.

Les *Payens de* GOA adorent le *Soleil* & la *Lune* , ainſi que pluſieurs Idoles , d'une forme épouvantable : ils ont auſſi coutume d'adorer la première choſe qu'ils rencontrent le matin , fût-ce un *Ane* , un *Oiſon* , ou tel autre animal. Ils ne peuvent ſupporter la pie ; c'eſt pour eux le plus mauvais augure :(cette ſuperſtition ſe rencontre dans quelques Provinces de France.) Ils saluent la première apparition de la Lune, &c.

Le Peuple de MALABAR a les mêmes opinions que celui de *Cambaja* : il va même plus loin ; non seulement il croit que les éléphans & les vaches ont des âmes humaines, mais il suppose de la divinité dans ces animaux. A *Calécut* , leur Capitale, il y a un Temple consacré au Singe. Leurs Bramines (successeurs indignes des anciens Brachmanes , dont ils ont corrompu & altéré la doctrine,) sont en telle vénération , que le Roi lui-même ne couche point avec une nouvelle femme, que le principal des Bramines n'ait auparavant tout obtenu d'elle. Ils adorent *Satan* , ou le *mauvais Principe* , auquel ils croient que *Dieu* , ou *le bon Principe* , a abandonné le gouvernement de ce monde. Dans une de leurs Villes, nommée *Qualicarre* , il y a tous les douze ans un *Jubilé* solemnel , à l'honneur de l'Idole de ce lieu. Le Roi du pays monte sur un Théâtre couvert de soie, se lave lui-même, adore l'Idole, ensuite il se coupe le nez, les oreilles, les lèvres , les parties , en sacrifice à son Dieu. Son successeur, qui doit dans douze ans faire un pareil acte de Religion , est obligé d'être présent à cette exécution affreuse. Le motif de ces Peuples est de rendre la condition de leurs Rois , qui, d'ailleurs , sont despotes, moins enviée , & d'éviter par là des guerres sanglantes.

A NARSINGUE OU BISNAGAR , il y a une Idole , dont les Pélerins n'approchent que les mains liées , ou la corde au cou ; ou bien en s'enfonçant des couteaux dans les bras & dans les jambes ; si la gangrenne se met à ces blessures , l'homme est regardé comme un saint : les Pélerins donnent de l'or & des bijoux , pour entretenir l'Idole & son Temple; on jette ces richesses dans un étang, d'où les *Bramines* savent bien les retirer. Tous les ans on porte ce Dieu en procession sur un char, & les dévôts tâchent de se faire écraser sous ses roues : lorsque cela leur arrive, on brûle leurs corps, dont on garde les cendres , comme de précieuses reliques, que les Prêtres vendent au peuple. Quelques-uns se coupent des morceaux de chair , & les jettent au visage du Dieu pour le fléchir. Les femmes se prostituent pour amasser de l'argent, qu'elles donnent aux Prêtres. C'est dans ce quartier des Indes , que les femmes se brûlent avec le corps de leurs époux ; lorsqu'elles ne le font pas , elles sont rasées & regardées comme infâmes le reste de leur vie. A *Caffa*, les femmes se font un honneur de se faire enterrer toutes vives avec le cadavre de leur mari : (voila les tristes effets du dogme de l'immortalité de l'âme , que tant de Législateurs ont cru devoir dérober à leurs peuples , lorsqu'il est mal entendu : ces Nations ne se conduisent ainsi , que parce qu'elles s'imaginent que l'âme du mort conserve ses affections & ses beſoins corporels, & que le ſecours de ſes proches lui ſera néceſſaire.) Les Prêtres diſpenſent de tous les vœux avec de l'argent ; & de plus , ils élevent en l'air ces miſerables avec des crochets, qu'ils leur font entrer dans les épaules , & les laiſſent au haut d'un mât , juſqu'à ce que le ſang ruiſſelle; alors on les deſcend. Ils n'enviſagent la Divinité que comme ſanguinaire & terrible. Le Pontife diſpenſe des mariages à ſa volonté pour de l'argent. Dans leurs Fêtes , ils honorent le Soleil & les Images de leurs Dieux.

Les principales Divinités des *Indiens modernes* ſont *Brama* & *Viſtnou* : le premier eſt cette Divinité terrible, en l'honneur de laquelle ils ſe font des inciſions , & ſouvent ſe tuent en s'ouvrant la poitrine,& tirant leurs entrailles pour les offrir à ce Dieu cruel , qu'ils croient prendre un grand plaiſir à ce ſacrifice. L'autre eſt un *Meſſie* , qu'ils attendent, qui doit tout renouveller à la fin des temps. Tel était l'O-*ſiris* des *Egyptiens* ; le *Bacchus* des *Grecs* dans les myſtè-res ; & , s'il eſt permis de le dire , l'*Adonaï* des *Hébreux* : ce dogme, fondement du Chriſtianiſ. fut le dogme univerſel.

Le Paganiſme des *Indes* eſt en vigueur au JAPON. Les *Ja*-ponois adorent une Image à trois faces, par laquelle ils en-tendent le *Soleil* , la *Terre* , & le *Monde élémentaire*. Ils ont des *Cloîtres* , des *Colléges*, différens jours de Fêtes, dans leſquelles ils portent leurs Idoles en proceſſion ſur des che-vaux ou ſur des chariots : ils croient différens Paradis, où chaque Dieu particulier mène ſes adorateurs. La populace croit ce dogme ſi fermement , que pluſieurs ſe noyent ou ſe précipitent pour en jouir plutôt. Les Prêtres excitent au ſui-cide , parce qu'ils en retirent du profit. Ces indignes Miniſ-tres confeſſent le peuple d'une étrange manière : ils met-tent le pénitent dans des balances ſuſpendues à de hauts ro-chers , & les *Gogins* (ce ſont des hommes que les Prêtres perſuadent aux Peuples avoir été changés en Diables) laiſ-ſent tomber ceux de ces malheureux qui leur ſont deſignés dans des précipices , où ils ſe briſent. Ils ont une *Fête des Lampes* , ſemblable à celles des anciens *Grecs* & *Romains*: ils cherchent avec ces lumières les âmes de leurs proches & de leurs amis nouvellement décédés, & les convient à man-ger , à boire , à entrer dans leurs maiſons , afin que dans leur voyage de trois ans, qu'il leur faut pour aller en Para-dis , ces pauvres âmes ne tombent pas en défaillance.

Les *Payens* des PHILIPPINES adoraient le Soleil & la Lune, dont ils regardent les Etoiles comme les enfans. Les femmes excercent pour l'ordinaire le Sacerdoce dans ces contrées. On adore auſſi le Diable , ou *mauvais Principe* , ſous une forme épouvantable. Ils ont encore d'autres idoles , qu'ils habillent de plumes d'autruche. Ils ſonnent des timbales, lorſqu'ils offrent un porc au *Soleil*, en l'honneur duquel deux vieilles femmes jouent du flageolet. La plus vieille a des cornes fur la tête , apparemment pour imiter les rayons de cet Aftre : enfuite elles danfent à l'entour de la victime , en chantant des hymnes au *Soleil*. La plus vieille verfe une taffe de vin fur la tête du porc , & l'égorge. Après quoi , elle fe met dans la bouche une torche ardente. L'autre Prêtreffe marque fur le front tous ceux qui font préfens au facrifice avec la tête du porc : & les femmes feules mangent la victime.

En l'Ifle de ZEILAN , ou CEYLON , le peuple entreprend des Pélerinages de mille lieues ; ils en font dix-huit dans de l'eau puante , fangeufe & remplie de fangfues; ils grimpent fept lieues de montagnes efcarpées , en s'attachant aux ronces & à des cloux enfoncés dans les fentes des rochers : ils prennnent toute cette peine pour vifiter une pierre au fommet de ces montagnes , où l'on trouve l'impreffion du pied d'un certain homme , qui les a inftruits dans le fervice divin. Tout auprès de cette pierre , il y a une fontaine , dans laquelle ils fe lavent ; enfuite ils fe font des entailles dans la chair , s'imaginant que la Divinité prend beaucoup de plaifir à leurs fouffrances. Ils adorent le Diable quand ils font malades ; & pour devenir favans , l'image de la tête d'un Eléphant. Ils ont une grande Idole qui tient une pique à la main , de la confervation de laquelle ils croient que dépend la durée du monde.

Il faut obferver que toutes les fois que l'on trouve dans une Religion des pratiques cruelles , les hommes ne s'y font foumis que pour fléchir le *mauvais Principe* : le *bon Principe* ne defirant que la félicité des hommes , fes Fêtes lorfque les peuples les ont confervées , ne refpirant que la joie : mais chez toutes ces malheureufes Nations , on n'a retenu de la Divinité que l'idée terrible : à quelles erreurs fe livrent les malheureux humains ! Il faut lire l'Hiftoire des Peuples barbares , qui fervaient des Dieux féroces, pour fentir le bonheur des Grecs , des Romains & des Chétiens, & connaître toute la fageffe des Légiflateurs qui ont fupprimé ces idées lugubres , auxquelles l'homme femble porté de fa nature. Périffe toute Religion qui tourmente fes Proféliytes ! le Principe de toutes chofes eft notre Père ; il veut que nous foyions heureux.

A F R I Q U E.

L'EGYPTE fe donna longtemps pour la légiflatrice du monde : mais fi l'on confidère que fes peuples tirent leur origine des *Ethiopiens* , & que le pays marécageux des environs du Nil fut longtemps inhabitable , on reconnaîtra que l'ETHIOPIE feule mérite ce titre. Cependant pour fuivre l'ordre reçu, je commencerai par l'*Egypte*. Ce fut elle qui donna des Légiflateurs à la Grèce ; en même temps qu'elle y fit paffer fes erreurs. Les anciens Egyptiens croyaient que tout s'était formé du limon, échauffé par la chaleur du foleil. Au lieu de regarder la lumiére & les élémens, comme des emanations de la Divinité, ils en firent des Dieux : ils adoraient le Soleil & la Lune. *Ofiris* était chez eux le *Bacchus* des Grecs, ou plutôt l'emblême d'un Dieu réparateur & réproducteur de la nature, c'eft-à-dire, du *Soleil*, qui fait tout germer ; qui perd de fa force en hiver, & fe remontre avec une nouvelle vigueur au printemps. C'était-là ce qu'ils voulaient exprimer par l'allégorie d'*Ofirs*, tué par *Typhon*, c'eft-à-dire, l'*Hiver* ou le *mauvais Principe* : ils le pleuraient alors ; & peu de temps après, ils le difaient reffufcité, & fe livraient à la joie. *Ifis*, qui cherche Ofiris pendant qu'il a difparu, eft la *Lune*, ou plutôt la *Nature* perfonifiée. Dans la fuite les Egyptiens adorèrent les Dieux que les Grecs avaient reçus d'eux, & dont ces derniers avaient changé les noms, défiguré l'origine & la nature, en les fefant naître parmi eux, leur donnant les noms, & leur attribuant les actions de leurs premiers Rois. Tels étaient *Apollon*, *Diane*, *Vulcain*, ou les Elémens ; *Saturne*, *Jupiter*, *Mars*, *Vénus*, *Mercure* : ils multiplièrent tellement les Dieux, que chaque efpéce d'animaux, les arbres, les fontaines, les rivières, les paffions, les facultés de l'efprit, les maladies, les métiers eurent tous leur Divinité. Ils déifiérent le *Phallus* ou *Priape*, en mémoire des parties de la génération d'*Ofiris*, que *Typhon* fon frère avait coupées & jetées dans le Nil, & qu'*Ifis* ou la *Nature* s'occupait à chercher dans leurs fêtes. Ils adoraient différens animaux : le *Bœuf*, fous le nom d'*Apis* ; le *Chien*, fous celui d'*Anubis* ; le *Chat* ; la *Chèvre* ; le *Crocodile* ; un oifeau nommé par les Grecs *Ichneumon*, qui détruifait de petits ferpens fort incommodes ; l'*Ibis* ; des poiffons du *Nil*, nommés *Opyrinchus* & *Lepidotus* ; l'*Hippopotame*, les *Grenouilles*, les *Abeilles*, & d'autres infectes. Leurs Prêtres facrifiaient un *Coq* au *Soleil*, un *Pigeon* à *Vénus*, un *Paon* à *Junon*, un *Ane* à *Priape*, &c. Dans la première antiquité, l'on immolait au *Nil* des victimes humaines. Les Egyptiens avaient le *porc* en horreur, apparemment par quelque raifon phyfique, comme la lèpre que fa chair occafionnait à ceux qui s'en nourriffaient, ou quelqu'autre qui nous eft inconnue. Ils circoncifaient les *mâles*, & coupaient aux filles un morceau de la partie qu'on appelle *nymphe*. Les Prêtres étaient en même-temps Juges. Dans leurs Fêtes d'*Ifis* & d'*Ofiris*, ils portaient la fuperftition jufqu'à fe couper la tête : aux Fêtes de *Mars* & de *Bacchus*, ils s'affommaient avec des maffues.

Les *Egyptiens* de nos jours font *Juifs*, *Chrétiens* & *Ma-*

hométans : il y a quatre sortes de ces derniers qui diffèrent en leurs Loix, lithurgie & cérémonies. On trouve une secte qui ne vit que de chair de cheval : une autre, nommée la secte de *Bectafchites*, où les hommes & les femmes vont nuds, & goûtent devant tout le monde les plaifirs de l'amour, même avec leurs fœurs, leurs filles, ou leurs mères.

Les *Chrétiens* font *Eutychiens* & circoncis. On les nomme *Cophtes*, non à caufe de la Religion qu'ils profeffent, mais de leur Nation ; les Egyptiens, fuivant le *Talmud*, portant ce nom, & plus anciennement celui d'*Agoptia*. Ils croient que J. C. eft vrai Dieu & vrai homme, jeûnent les *mercredis* & *vendredis* : ils ont les *Quatre-Temps*; baptifent le quatorzième jour ; reçoivent la *Cène* fous les deux efpèces & avec du pain levé. Ils ne donnent aux malades, ni le *Viatique*, ni l'*Extrême-Onction* ; ils nient le *Purgatoire*, & ne veulent pas qu'on prie pour les *Morts*, &c.

Les principales Divinités des autres Peuples de l'AFRIQUE, étaient le Soleil & le Feu, auxquels ils bâtiffaient des Temples.

Les *Planettes* étaient les Divinités de NUMIDIE & de LIBYE. Les Peuples de ces contrées embrafsèrent fucceffivement le *Judaïfme*, le *Chriftianifme*, & le *Mahométifme*. Les CARTHAGINOIS immolaient des enfans à *Saturne*, comme en *Phénicie*, d'où ils fortaient : on mettait ces innocentes victimes entre les bras de la ftatue de ce Dieu, dans laquelle on avait allumé un brafier ardent, & on les y laiffait jufqu'à ce qu'ils fuffent confumés. Pendant cet inhumain facrifice, auxquels les pères des enfans affiftaient, on jouait de divers inftrumens, pour empêcher qu'on n'entendît les gémiffemens & les cris de jeunes victimes. *Junon* ou *Aftarté* était la Déffe tutélaire de *Carthage*.

Voici quelle eft la Religion préfente de FEZ. Les Peuples font Mahométans, (on trouvera ci-deffous une notice détaillée de ce culte). Leur grande Mofquée a près d'une lieue & demie de tour, trente-une portes, vingt arcs en large, & trente-huit en long pour en foutenir le toît; neuf cents lampes pour l'éclairer durant la nuit. On y lit tout le jour la Loi Mahométane, & l'on n'y enfeigne que la Philofophie Morale. Leurs mariages fe font & fe confomment dans les Mofquées. La circoncifion des mâles eft fort folemnelle. Dans leurs jours de jeûne, la jeuneffe fe bat avec des maffues, de forte qu'il en demeure beaucoup fur la place : elle eft obligée d'apprendre l'*Alcoran* en fept ans. Il y a des fectes à *Fez* qui regardent toutes les Religions comme également bonnes, & qui croient que le *Ciel*, les *Planètes*, les *Etoiles*, la *Terre*, les *Elémens*, tout cela réuni, compofent la *Divinité fuprême*.

Les Peuples de MAROC font moins doux, moins dévots, & cependant plus fanatiques que ceux de *Fez* : ils vont à la guerre contre les *Chrétiens* avec d'incroyables tranfports de joie, s'imaginant gagner le *Paradis* en en tuant un grand nombre. L'inclination de cette Nation pour le pillage, eft peut-êtreune raïfon plus naturelle & plus vraie de fon animofité.

En GUINÉE, le Paganifme règne encore. Ils n'adorent que des anneaux de paille. Ils maudiffent tous les jours *Dieu* ou le *Soleil*, l'appelant *méchant & l'auteur de leurs maux* : on fent la raifon de cette conduite dans des peuples groffiers, brûlés tout le jour par l'exceffive chaleur de l'Aftre du jour, que rien ne tempère. Ils croient tout devoir à leur adreffe, & rien à la Divinité. Leurs Prêtres font un difcours dans les jours de Fête, enfuite ils jettent de l'eau fur les petits enfans. Ils confacrent à leurs Idoles la premiére bouchée de leur manger. Ils ont certains arbres en vénération (apparemment parce qu'ils leur fourniffent de l'ombrage) & les confultent comme des oracles. Ils adorent un certain oifeau qui a des étoiles fur fes plumes, & la voix d'un taureau. Lorfque leurs Dieux font irrités contr'eux, ils corrompent leurs Prêtres à force de préfens. Quand il meurt quelqu'un, le Prêtre fait des Dieux de paille, pour tenir compagnie au défunt dans l'autre monde. Si c'eft un Roi, on tue fes ferviteurs & fes femmes pour l'aller fervir, & l'on met leurs têtes fur des bâtons autour du tombeau. Ils regardent comme une chofe illicite de cracher à terre. Ils célébrent le renouvellement de leur femaine, ou *Dimanche*, le mardi. Ils ont auffi la circoncifion, apparemment néceffaire dans bien des climats, puifqu'elle exiftait avant les Juifs.

LES ETHYOPIENS OU MORES adoraient anciennement quelques Dieux immortels, comme le *Soleil*, la *Lune* & le *Monde* : ils y joignirent dans la fuite *Jupiter*, *Pan*, *Hercules*, qui peut-être étaient la même chofe que les trois premiers, fous d'autres noms : mais ceux d'entr'eux qui font auprès ou deffous la ligne, blafphément continuellement le *Soleil*, fur-tout à fon lever, par la même raifon que les Nègres. On dit que la Reine de *Saba* leur fit profeffer le Judaïfme, & qu'une autre Reine, nommée *Candace*, que fon Eunuque, baptifé par Philippe, rendit Chrétienne, leur fit à fon tour embraffer le Chriftianifme. J'y confens, mais je ne voudrais pas l'affurer.

De nos jours, le *Chriftianifme* eft profeffé dans une partie de ces vaftes contrées, & dans d'autres le Paganifme règne encore comme dans les Etats de *Prefte-Cham*. Les *Abyffins* Chrétiens circoncifent leurs fils & leurs filles le huitième jour. Les garçons font baptifés le quatorzième jour, & les filles le dix-nuitième. Ils s'abftiennent des animaux prohibés par la Loi de Moïfe ; & confervent quelques-unes de fes cérémonies, utiles apparemment fous leur climat. Celui qui fe marie fucceffivement à trois femmes eft excommunié : le Patriarche feul peut lancer l'excommunication , ce qu'il ne fait jamais que contre des meurtriers. Ils croient, quoique Chrétiens , la Métempſycoſe. Les Prêtres & les Moines travaillent pour leur entretien. On permet aux Eccléſiaſtiques de ſe marier une fois Ils font *Ichonoclaſtes.* Tous les ans à l'*Epiphanie* , ils ſe baptiſent eux-mêmes dans des étangs ou rivières ; coutume qu'ont auſſi les *Moſcovites.* Ils ne connaiſſent ni la *Confirmation* , ni l'*Extrême-Onction.*

Les Bas-Ethyopiens n'étaient point connus dans l'antiquité. Ils font payens ; & cependant quelques-uns d'entr'eux n'adorent qu'un feul Dieu. Ils ont des Fêtes cycliques du renouvellement des Lunes, autrefois générales par toute la terre, & d'où nous viennent les diviſions de nos ſemaines. Ils traitent les *Mânes* avec du pain & de la chair bouillie. On punit de mort les impoſteurs en fait de Religion , les voleurs & les *adultères.* Ils épouſent autant de femmes qu'ils veulent ; mais la première eſt la principale , & les autres font ſes ſervantes. Leur deuil eſt le blanc. Il y a maintenant quelques Chrétiens dans ces contrées , & ſur-tout au Monomotapa.

Les Peuples d'Angola font payens. Ils adorent au milieu de leurs Villes des *Idoles de bois* reſſemblantes aux *Nègres:* ils mettent à leurs pieds quantité de dents d'Eléphans , où font plantées les têtes de leurs ennemis tués à la guerre. Ils croient qu'ils ne font malades que lorſque leur Idole eſt en colère contr'eux ; & pour ſe maintenir dans ſes bonnes grâces, ils verſent à ſes pieds du *vin de palme.* Ils ont coutume de laver leurs morts , de *les peindre* , de *les vêtir* , & d'enterrer avec eux des viandes & de la boiſſon. Ils avaient des Augures qui prédiſaient l'avenir par le vol & le chant des oiſeaux.

Au Congo , ils adorent des images difformes , qui fans doute furent autrefois des emblêmes de la Divinité. Les Portuguais y ont établi la Religion Chrétienne. On brûla leurs caractères, leurs images , les oiſeaux ſacrés , les arbres vénérés & les herbes , en un mot, tout ce qui avait quelque rapport à leur Religion.

A Loango , au Nord du *Congo* , fous la ligne , ils adorent des Idoles, auxquelles chaque profeſſion fait des ſacrifices, fuivant ſon travail ; le Laboureur offre du bled ; le Fabriquant d'étoffes, des habits , &c. Ils font circoncis: Ils tuent des chèvres à la mort de leurs amis , & font des feſtins en leur mémoire. Ils aimeraient mieux mourir que de manger des viandes qui leur font prohibées par leur Religion. A A *Kenga* , port-de-mer de *Loango* , on révère l'image d'une vieille femme (c'eſt probablement l'emblême de la terre) , dont on célèbre la fête tous les ans avec beaucoup de ſolemnité. Il y a une autre Idole à *Morumba*, du côté du Nord, que tous les jeunes-gens doivent adorer. Ils font obligés de faire un vœu qui confiste à garder le filence dix jours de fuite, à s'abftenir de certaines viandes, & à fe faire une entaille à l'épaule, dont le fang doit jaillir aux pieds de l'idole. Cette épreuve eft pour eux celle de la vie & de la mort (il fe trouve ici quelque reffemblance avec ce que l'on obligeait les jeunes Lacédémoniens de fouffrir devant l'autel de *Diane*). A *Auzichi*, ils font circoncis, & adorent le *Soleil* & la *Lune*; en outre chaque homme a fes *Pénates* ou *Dieux domeftiques*. Les voifins de ces Peuples font Antropophages, & n'adorent que le *mauvais Principe*, parce qu'ils le redoutent.

Pour les Habitans des *Ifles d'Afrique*, le Paganifme eft la Religion dominante : il s'y trouve auffi des *Chrétiens* & des *Mahométans*. A *Socotera*, île fituée à l'embouchure de la mer-Rouge, & d'où vient le meilleur *Aloès*, ils font Jacobites, & font gouvernés par leur *Abuna* ou *Frêtre*. Ils n'entrent point dans leurs Eglifes, & fe contentent de demeurer à la porte. A *Madagafcar*, ou la *Grande-Ifle-Saint-Laurent*, il y a beaucoup de *Mahométans* fur la côte ; dans les terres ils font idolâtres, & reconnaiffent un Créateur du Monde : ils ne prient jamais, & n'ont aucunes fêtes. Ils puniffent de mort les adultères & les voleurs. Dans l'*Ifle Saint-Thomas*, ils font *Chrétiens* & *Mores*. Aux *Canaries*, ils font Chrétiens ; autrefois ils étaient idolâtres, avaient plufieurs femmes, qu'ils proftituaient d'abord à leurs fupérieurs ; ils avaient auffi cette fingulière courtoifie pour les étrangers. Ils enterrent leurs morts, mais debout, une houlette à la main; & fi le défunt était un grand perfonnage, on met auprès de lui un vafe plein de lait. *Madère* & les autres Ifles voifines font Chrétiennes.

A M E R I Q U E.

Avant que les Européens euffent découvert cette partie du monde, chacun de fes Peuples adorait différens Dieux : mais comme on l'a vu en Afie & en Afrique, le *Soleil* & la *Lune* étaient en général leurs principales Divintés. En CANADA, ils adoraient le *mauvais Principe*, & lorfqu'il était courroucé contre eux, ils jetaient des cendres aux yeux de fa ftatue. Les hommes fe marient à plufieurs femmes, quoique le climat foit froid ; & ces femmes, lorfque leur mari vient à décéder, ne fe peuvent jamais remarier. Ils donnent premièrement leurs filles à quiconque veut en abufer, & les marient enfuite. Ils croient que leurs âmes vont dans les étoiles après leur mort, & qu'elles defcendent avec elles fous l'horifon dans un Paradis de plaifirs; que les hommes & les femmes font nés d'une quantité de flèches que Dieu planta dans la terre ; qu'enfuite Dieu donna la pipe avec léquelle il fumait du tabac, à leur Roi, en lui recommandant de la garder foigneufement : mais ce Roi perdit la pipe, & le genre-humain tomba dans la mifere. Ils chantent des hymnes au *mauvais Principe*, danfent autour du feu, & fautent par-deffus en efprit de Religion. Ils pleurent les morts, & leur portent des préfens.

A la VIRGINIE, on adorait le *mauvais Principe*; ils croient plufieurs Dieux, & principalement un qui a fait tous les autres. Ils penfent que la première femme enfanta à l'aide des Dieux. Ils font *Anthropomorphites*, donnant à leurs Divinités la figure corporelle. On enterre les morts avec des richefles, fuivant leur condition, & l'on met à leurs pieds l'image du *mauvais Principe*.

Les Principales Divinités de la FLORIDE font le *Soleil* & la *Lune*. Ils offrent tous les ans au Soleil une peau de cerf affaifonnée avec des épiceries. Ils offrent à leurs Rois leur premier né, quand c'eft un mâle. Les femmes qui commettent adultère font fouettées. Lorfque les Prêtres annoncent que le Diable leur eft apparu, on l'appaife par du fang humain. Les Rois & les Prêtres font enterrés dans leurs maifons, & brûlés avec elles par honneur. A l'occident de la *Virginie* & de la *Floride*, il fe trouve des peuples fort fimples, adorateurs du Soleil, que les Efpagnols foumirent, en fe difant envoyés de cette Divinité. Ils ont auffi des Idoles & le culte du *mauvais Principe*.

Dans la NOUVELLE-ESPAGNE, on reconnaiffait un fouverain Dieu : ils facrifiaient néanmoins des hommes au Soleil. A *Mexico*, ils adoraient plufieurs Idoles, un *Vitziliputzli*, qui n'était que l'emblême du Dieu fouverain ; une autre nommée *Tlalok* ; c'était probablement la *Lune* ; une troifiéme de pierre noire, & qui paraiffait menacer. A *Cholula*, ils honoraient le *Dieu des Richeffes* & de la *Marchandife*. Ils avaient une Idole de pâte, qu'on confacrait tous les ans. Ils fefaient auffi des Dieux de leurs prifonniers de guerre, leur rendant des honneurs divins pendant dix ou douze mois ; enfuite les Prêtres les tuaient, leur tiraient le cœur tout fumant & l'offraient au Soleil : on buvait le fang & l'on mangeait la chair de ces prétendus Dieux, & l'on fe croyait fanctifié par-là. A la fin de chaque fiécle, les Mexicains attendaient la fin du monde, & brifaient le dernier jour de ce long période, tous leurs meubles, comme ne devant plus en avoir befoin. Ils appelaient le fouverain Dieu *Mirococha*. A chaque dernier jour de la *Lune*, on célébrait une Fête, & l'on immolait des hommes. On facrifiait deux cens perfonnes à la mort du Roi, pour le fervir dans l'autre monde. Il y avait des Moines & des Religieufes à *Mexico*, qu'on puniffait de mort lorfqu'ils violaient leur chafteté : il en était de même pour les femmes adultères. Lorf-

que les bleds commençaient à pousser, on immolait des enfans nouveaux-nés ; de plus âgés, lorsque les bleds avaient un
pied de hauteur, de même, lorsqu'ils en avaient deux & trois.
Dans une de leurs Fêtes, on sacrifiait une femme, & l'on cou-
vrait un homme avec sa peau, que l'on promenait par les rues
en dansant. A une autre Fête célébrée sur un étang, on noyait
un petit garçon & une petite fille , pour tenir compagnie aux
Dieux de cet étang. A la Fête de l'*Amende* , on sacrifiait un
prisonnier ; le Peuple mangeait de la terre , & se fouettait
pour obtenir le pardon de ses péchés. Les marchands sa-
crifiaient un homme à leur Dieu particulier , après l'avoir
bien traité durant neuf jours.

A JUCATAN , ils étaient circoncis, & idolâtres. Leurs
Dieux pénates étaient des images d'ours. Ils mettaient des
enfans dans les statues de leurs Dieux , pour répondre à
leurs demandes. Ils fesaient des processions pour avoir de
la pluie , &c. A *Jucuragua*, ils adoraient le *Soleil*, & des
Idoles. Leurs Prêtres immolaient des prisonniers , autour
desquels ils allaient chantant d'un ton lugubre ; & dans l'instant que ces malheureux s'y attendaient le moins , ils se
jetaient sur eux , & leur ouvraient la poitrine avec des
couteaux de pierre. Ils divisaient le corps ; le Prêtre avait le
cœur, le Roi les mains & les pieds, celui qui l'avait pris les
fesses , & le peuple le reste. Les têtes sont mises sur des
arbres , sous lesquels on sacrifie d'autres prisonniers, & les
enfans qu'on a enlevés. Il y en a , qui dans l'espoir du Paradis , s'offrent eux-mêmes pour être sacrifiés. Ils se bles-
sent cruellement pour fléchir le *mauvais Principe*. Le Prêtre
marie en tenant le petit doigt des jeunes-gens auprès du feu.
Il est permis à l'Inca d'avoir la première nuit de la mariée. Si quelqu'un viole une fille , il lui donne un bon mariage , on devient esclave. Si un esclave force la fille de
son maître , ils sont tous deux brûlés vifs.

Les *Américains du Sud* , de PARIA , GUJANA , DEBAIBA,
du BRESIL , du PEROU , d'HISPANIOLA & de la CALIFORNIE,
adorent le *Soleil* & la *Lune*, & le *mauvais Principe*, sous diverses formes. Les Prêtres sont médecins , & s'emparent de
tous les biens de ceux qu'ils guérissent : c'est un acte de Religion de donner sa fille aux Prêtres , pour qu'ils couchent
avec elle. Lorsqu'il tonne, ils disent que le Soleil est fâché; les
femmes s'égratignent le visage , & les filles se font saigner à
une certaine partie , par le moyen d'hameçons pointus. On
sacrifie des hommes au *mauvais Principe* à *Paria* , &c. ensuite on les mange : ils disent que les taches de la Lune sont
occasionnées par un homme qui est là en prison pour avoir
commis un inceste avec sa sœur ; les âmes des grands hommes seules sont immortelles , &c. Au *Brésil* , ils croient
l'immortalité de toutes les âmes ; ils craignent beaucoup le

Diable, & l'adorent : ils le chaſſent avec des feux. Le mari accouche ſa femme , & donne à l'enfant le nom d'une bête ſauvage. *Wieracocha* eſt le nom du *Créateur de toutes choſes* au *Pérou* : après lui , c'eſt le *Soleil*. Les *Péruviens* , comme les *Egyptiens* , adoraient tout ce qu'ils aimaient & tout ce qu'ils craignaient. *Las-Caſas* les a juſtifiés de l'accuſation d'élever des jeunes hommes dans les Temples pour la pédéraſtie. Ils ſe confeſſent & reçoivent avec joie de ſévèrés pénitences. Mais l'*Inca* ne ſe confeſſe qu'au Soleil : il a ſeul droit d'entrer chez les *Religieuſes* , & d'en choiſir pour ſes plaiſirs , dès qu'elles ont quatorze ans. Celles qu'il laiſſe deſſervent des Temples , & doivent reſter vierges toute leur vie. Ils avaient pluſieurs Fêtes , dans leſquelles ils ſacrifiaient cent moutons, On mettait des tréſors avec les cadavres qu'on enſeveliſſait. On immolait aux mânes d'un homme la plus aimable de ſes femmes des ſerviteurs. On ſacrifiai t des jeunes-enfans ſur le tombeau de l'*Inca*. Quel tyran barbare que la ſuperſtition ! A *Hiſpaniola*, les peuples croyaient que les hommes étaient ſortis de deux cavernes. Ils adoraient des Diables qu'ils nomment *Zemès* ; les femmes danſent à l'entour de ces Idoles ; & l'on offre des gâteaux , que le Prêtre coupe après les avoir conſacrés , pour les diſtribuer par morceaux , que l'on garde afin de ſe préſerver de tout danger. Tous les peuples de l'Amérique ont conſervé la tradition d'un déluge ; toutes leurs Fêtes ſont commémoratives de ce triſte événement , à l'exception des *Californiens* , qui ſemblent avoir perdu l'idée de la Divinité , & vivent comme des brutes dans un état de miſére , qui pourrait bien être l'ancien *Age d'or*, mais qui fait pitié : ce dernier peuple ne connaît ni le pouvoir paternel, ni le doux en lien du mariage , qu'ils contractent pour un an, ou moins , donnant ſimplement à celle qu'ils choiſiſſent un vaſe de fil de mezcal , appellé la *Ola*.

E U R O P E.

Je m'arrêterai peu ſur la Religion des GRECS & des ROMAINS, qui eſt aſſez connue. Je dirai ſeulement que les Grecs reconnaiſſaient douze principaux Dieux , ſavoir , *Jupiter. Saturne , Bacchus , Apollon , Mars , Minerve , Diane ; Vénus , Junon , Cérès , Mercure & Vulcain*. Leur Autel était nommé l'Autel des douze grands Dieux ; cependant ils ne reſpectaient pas moins *Neptune, Pluton, Proſerpine & Hercule*. Le ſouverain des hommes & des Dieux était *Jupiter*.

Les anciens *Romains* n'eurent point d'Images de la Divinité ; ils regardaient comme une entrepriſe folle & téméraire de vouloir la repréſenter. Ce ne fut que ſous Tarquin l'ancien qu'on commença à faire des Idoles , des Dieux, à l'imitaton des Grecs. Les principaux Dieux qui furent

adorés en Europe, étaient comme par-tout ailleurs, le Soleil, la Lune, les Etoiles, les Elémens, les Rivières, les
Fontaines, les Arbres, & tant d'autres, grands & petits,
que, suivant la supputation qu'en a fait Varron, ils surpassaient
le nombre de trente mille. En parlant de la Religion des Romains, ce que j'en dirai pourra s'appliquer à toutes les
Nations depuis les conquêtes de cette République. *Numa*
enseigna le culte des Dieux à son peuple, & n'offrit en
sacrifice que du bled, du vin, des gâteaux & du sel. Les
Vestales furent instituées avant qu'il y eût des Temples : elles furent admises à Rome sous le règne de ce Prince ou celui du vieux *Tarquin* : elles servaient la Déesse *Vesta* (ou la
Terre) durant trente ans : les dix premières annees, elles
enseignaient aux enfans : depuis dix jusqu'à vingt, elles fesaient les fonctions du Sacerdoce; & les dix dernières, elles
étaient maitresses des novices ou des nouvelles *Vestales*. Si
elles violaient la loi de la pudeur, elles étaient brûlées ou en-
terrées vives. Si le feu sacré s'éteignait, elles étaient fouettées. On créa des Prêtres de Mars, nommés *Saliens* au
nombre de douze, puis de vingt-quatre. Ils avaient soin
des boucliers sacrés, nommés *Ancilia*. Les *Epulons*, qui
gardaient les Livres des *Sybilles*; les *Arvales*, qui veillaient
sur la campagne; les *Féciales*, qui réglaient les cérémonies des déclarations de guerre; les *Flamines*, ou Prêtres
des grands Dieux; les *Diales*, Prêtres de Jupiter; les *Qui-
rinales*, ou Prêtres de *Romulus*. Il y avait aussi un *Rex sa-
crificulus*, qui représentait le Roi, après l'expulsion des
Tarquins, il y avait au-dessus de tous ces Prêtres un souverain Pontife pris dans les premières familles de la République. Sous les Empereurs, cette qualité fut inséparable du
Trône. Il y eut aussi par la suites des *Galles*, ou Prêtres de
Cybèle, qui étaient Eunuques, & des Prêtres d'*Isis*. Les
Romains avaient vingt grands Dieux; les douze déja nommés des Grecs, & huit autres : *Vesta*, *Janus*, *Genius*,
Orcus, *Tellus*, *Thémis*, &c. Ils avaient encore la *Victoire*,
Néméfis, *Cupidon*, les *Grâces*, les *Pénates* & les *Lares*,
Castor & *Pollux*, *Esculape*, *Acca-Laurentia*, *Quirinus*,
&c. Les Vertus & les personnes vertueuses étaient déifiées:
L'*Entendement*, la *Valeur*, l'*Honneur*, la *Piété*, l'*Espérance*,
l'*Honnêteté*, la *Paix*, la *Concorde*, le *Repos*, la *Liberté*,
la *Certitude*, la *Félicité*, la *Peur*, &c. Ils honoraient les
Semones, ou demi-hommes, *Priape*, *Vertumne*, *Hippona*,
Déesse des chevaux, *Nænia*, Déesse des Enterremens. Les
besoins des hommes personifiés, comme *Nascia*, de la naissance, *Cunina*, des berceaux; *Rumina*, de l'allaitement; *Poti-
na*, du boire; *Edusa*, du manger; *Carnea*, de la chair; *Ju-
ventus*, de la jeunesse; *Volupia*, du plaisir; *Lubentia*, du
desir, &c. Pour le mariage, il y avait des Dieux particu-

ters. : *Jugatinus* , qui joignait : *Domiducus* , qui conduisait l'épousée à son mari ; *Partunda* , Déesse de l'accouchement ; *Egeria* , &c. *Horta* , Déesse des avis ; *Volumna* , de la volonté ; *Laverna* , de l'établissement ; *Libitina* , des sépulchres. Les Habitans de la campagne avaient leur *Robigus* , Dieu de la Rouille des bleds ; *Sterculius* , des fumiers ; *Bubona* , des bœufs ; *Mellona* , du miel ; *Pomona* , des fruits ; *Flora*, des fleurs ; *Terminus*, des bornes ; *Palès* , Déesse du fourrage ; *Pan*, des Bergers ; *Silvain* , des forêts. Il y avait une *Cloacina* Déesse des latrines ; une *Fébris*, pour la fiévre, &c. Ils honoraient de plus tous les Dieux étrangers, tels qu'*Isis* , *Sérapis* , *Osiris* , &c. *Sanctus*, ou *Dius-Fidius*, le Dieu des *Sabéens*. Les plus sages, parmi les Romains & les Grecs , ne voyaient qu'un seul Dieu dans ce fatras de Divinités.

On honorait tous ces Dieux par des sacrifices qui furent différens suivant les temps : avant que les peuples fussent policés , on immola des victimes humaines comme en Amérique , aux Indes , &c. ensuite on ne sacrifia plus que des animaux. Mais comme la Religion Romaine est assez connue , je passerai aux Nations barbares de l'Europe , avant qu'ils fissent partie de l'Empire. On y retrouvera tous les Dieux des *Grecs* & *Romains* que je n'ai pas nommés.

Les anciens ALLEMANDS n'avaient au commencement ni Temples , ni Images : ils adoraient le *Soleil* , la *Lune* & la *Terre* : ils consacraient à cette dernière un chariot, que des bœufs traînaient jusqu'à un certain étang , où on le felait laver par des esclaves , qu'on fait noyer après cette opération. Les anciens GAULOIS adoraient *Mercure*. Leurs Prêtres se nommaient *Druides*. Ainsi que les Allemands , ils immolaient des victimes humaines. Les BRETONS professaient la même Religion que ces deux peuples. Leurs *Druides* enseignaient la Religion sous des *chênes* , qui de-là furent regardés comme sacrés. Ces Druides avaient un Chef , dont le successeur était toujours choisi d'avance. Ils ne payaient point d'impôts , & n'allaient point à la guerre. Ils n'écrivaient pas les mystères de leur Religion , ils les enseignaient de bouche à leurs Initiés. Ces préceptes étaient mis en rimes (voila la première origine de notre Poésie rimée.) Ils croyaient , (dit-on) l'immortalité de l'âme. Les SAXONS adoraient *sept Planettes* , entre lesquelles , *Thor* , qui est la même que *Jupiter*, était la principale ; & le Jeudi, qui prend son nom de-là , se nomme en Anglais , *Thursday* : la première après était *Woden* ou *Mars* ; d'où se fait *Wedensday* , c'est-à-dire , *mercredi* : *Frea* , ou *Frito* était *Vénus* , à laquelle le vendredi était consacré ; comme *Tuesday* , *Mardi* , à *Tuisco* , le Légiflateur de la Nation *Allemande*. Les *Saxons* honoraient le *Soleil* , fous la forme

d'un homme à demi-nud , fur une colonne , dont la tête
& le vifage étaient environnés de rayons ; & la *Lune* fous
celle d'une femme avec une jupe courte & de longues oreilles , & des fouliers femés de brillans. *Tuifco* , leur troifiéme Idole , était mife dans la cabane de quelques animaux
fauvages, avec un fceptre. Leur quatrième Idole était *Woden*,
fou , enragé, ou *Mars* : leur cinquième était *Thor* ; c'é-
tait *Jupiter* : leur fixième était *Friga* , *Vénus* , qui donne
le nom au vendredi , en Anglais , *Friday* : leur feptième
était *Slater* ou *Saturne* , d'où fe forme *Saturday* (en Anglais)
Samedi , qui lui eft confacré.

Les Danois, Suédois , Russiens & Pomeraniens , adoraient les mêmes Dieux que les Saxons. Ils invoquaient *Thor*
ou *Jupiter* , *Woden* ou *Mars* : dans leurs mariages , ils appelaient *Frica* ou *Vénns*. Ils avaient auffi leurs Héros ou
demi-Dieux. Ils facrifiaient neuf mâles de chaque forte de
créatures vivantes , pour appaifer leurs Dieux par le fang
de ces victimes , dont ils allaient enfuite pendre les corps
auprès d'un Temple nommé *Ubfola*. Dans certains endroits,
on adorait *Saturne*, fous le nom de *Crodo*, comme un vieillard,
affis fur un *poiffon* , tenant d'une main une *roue* , & de
l'autre une *cruche*. *Vénus* était repréfentée fous la forme
d'une femme nue , fur un chariot traîné par deux Cygnes.
Elle avait une couronne de myrthe , & dans fa main droite la boule du monde , dans l'autre trois oranges ; fur fa
poitrine une torche ardente , & les trois Grâces nues l'environnaient. Cette manière de repréfenter *Vénus* était bien
plus raifonnable & d'une plus belle allégorie que toutes les
figures que les peuples policés avaient faites de leurs Dieux.
En Westphalie , on adorait *Mars* ou *Thémis* , fous un nom
que j'ignore : fa ftatue était armée : elle tenait une bannière & une rofe à fa main droite , & dans la gauche des
balances : il y avait un ours gravé fur fa poitrine, & fur fon
heaume un lion. Les Rugiens des côtes de la Baltique re-
préfentaient *Mars* leur Dieu avec fept faces & huit épées ,
dont une nue à la main , & les fept autres à fon côté dans
leurs fourreaux. Ces mêmes *Rugiens* & les Bohèmiens adoraient encore un Dieu dont l'Image avait quatre têtes , &
qui tenait une corne à fa main droite , & à la gauche un
arc. Le Prêtre arrofait de vin tous les ans cette corne. Ce pouvait encore être *Mars* , qui paraît la Divinité tutelaire de
tous les Barbares. Les Sclavons adoraient une Idole placée
fur un pilier , ayant un coutre de charrue à la main , & de
l'autre une lance & une bannière ; fa tête était environnée
de couronnes ; il avait des bottes , & une clochette au
talon : ce pouvait être l'emblême du *Dieu univerfel*. Les
Mofcovites & les *Ruffiens* adoraient un Dieu nommé *Pérun*,
fous la forme d'un homme , tenant une pierre ardente , re-

préfentant le tonnerre. On tenait continuellement allumé devant cette Idole un feu de bois d'ébène, & l'on tuait les efclaves chargés de l'entretenir s'ils le laiffaient éteindre. Ceux de *Stétin* & de *Poméranie* adoraient une Idole à trois têtes (ce qui était l'emblême de la Divinité qui règne fur le paffé , le préfent & l'avenir.) Ils demandaient confeil, dans leurs guerres à un cheval noir , dont le foin était confié à des Prêtres. Dans les Provinces les plus au nord de la *Mofco-vie*, comme dans la *Sibérie* , &c. ils avaient une Divinité nommé *Zolota Baba* , repréfentée fous la figure d'une vieille femme , tenant un enfant dans fon giron, & tout auprès d'elle un autre enfant. Ils offrent à cette Déeffe , qui paraît être la même qu'*Ops* , *Vefta* , ou la *Terre* , notre mère commune , les plus riches peaux des Martres Zibelines : on lui préfente les cœurs des victimes qu'on immole , avec lefquelles on lui frotte le vifage , les yeux & les autres parties. Les Prêtres mangent crues les entrailles des victimes.

Les Scythes , Gètes, Thraces, Goths , Lithuaniens , Polonais, Hongrois, Samogoths , Polaques , Sarmates, Prussiens , Livoniens , Lappons , Scandinaves étaient à-peu-près de la même Religion que les *Saxons*. Les *Scythes*, comme ceux d'Afie , facrifiaient à *Mars* la centième partie de leurs prifonniers ; les *Thraces* de même : les anciens *Allemands* immolaient des hommes à *Mercure*. Les Cimbres maffacraient les hommes , & les fefaient offrir par leurs Prêtreffes , qui portaient une ceinture de cuivre avec un habit blanc par-deffus. Elles coupaient la gorge aux prifonniers, leur ouvraient le ventre, & prédifaient l'avenir par l'infpection de leurs entrailles: elles fefaient des tambours des peaux de leurs victimes. Les *Goths* , pour fléchir plus efficacement le *mauvais Principe* , tourmentaient cruellement les prifonniers , avant de les facrifier. Ils croyaient que les âmes allaient dans un Paradis, où leur Dieu *Tamolxius* gouvernait. Ils lui envoyaient continuellement un meffager, qu'on choififait entr'eux au fort. Voici comme l'on expédiait les dépêches de ce malheureux courier : ils le prenaient par les mains & par les pieds , & le jetaient fur la pointe d'une cheville aiguë ; s'il tombait mort , ils concluaient que le *Dieu* était bien content de ce meffager-là ; mais fi cela n'arrivait pas , ils le rejetaient comme indigne de l'honneur d'être député vers *Tamolxius*, ils en choififfaient un autre : on l'inftruifait bien auparavant qu'il mourût , de qu'il devait dire à leur *Dieu* ; enfuite on le jetait fur la cheville , & l'on mettait le corps mort dans un bateau à la merci de la mer. Ceux de *Lithuanie* brûlaient les plus notables de leurs prifonniers devant leurs Dieux. Ils ouvraient le ventre à douze prifonniers, pour connaître l'avenir , ou leur fefaient couper la main droite qu'on offrait au *Dieu*. Les *Sclavons* adoraient une Idole nommée *Suantovitus*. Le Prêtre ne devait point respirer dans la Chapelle ; il mettait la tête à une fenêtre pour le faire. On tenait pour un grand crime de ne pas s'enivrer le jour de la fête de cette Divinité. Les Paysans de cette contrée offraient à leur Idole *Ziemienik*, des veaux, des porcs, des poules à la fin d'octobre. Ils tuaient toutes ces victimes à la fois, en mangeaient ensuite, en jetant les quatre premières bouchées à chaque coin de la maison. Le souverain *Dieu* des *Polonais*, *Hongrois* & de leurs voisins, était le *Soleil* ; ils adoraient aussi le Feu & les Arbres. Ils adoraient le Serpent, qu'ils tenaient dans leurs maisons. La plus grande partie de la *Livonie* est encore idolâtre. Les anciens *Prussiens* adoraient le Feu. Les *Lappons* suivent aussi de nos jours leur ancienne Religion ; ils ne contractent point de mariage, qu'ils n'aient consacré les époux par le feu & par un caillou, disant que comme le feu sort par le frottement du fer & du caillou, de même les enfans proviennent de l'union de l'homme & de la femme.

Voici les Divinités payennes que je puis ne pas avoir nommées: *Eole*, Dieu des vents ; *Portunus*, des ports ; *Agonius*, des travaux; *Angerona*, Déesse du silence & de l'esquinancie ; *Laverna-Furina*, des larrons ; *Ancula*, des servantes ; *Carna*, des décrets ; *Diverra* ; du balaiement ; *Feronia*, des bois ; *Dice* des procès ; *Aristæus*, du miel ; *Fidius*, de la fidélité ; *Aruncus*, invoqué pour l'éloignement de tout dommage ; *Hébé*, de la jeunesse ; *Meditrina*, de la médecine ; *Mena*, des règles des femmes ; *Myades*, des mouches; *Limentinus*, des seuils; *Aïus*, de la parole; *Thalassius*, du mariage; *Peitho* ou *Suadela*, de l'éloquence ; *Vacuna*, de l'oisiveté; *Vitula*, de la lasciveté ; *Valloria*, des Vallées ; *Collina*, des côteaux. Les infernaux étaient : *Pluton*, *Charon*, *Cerbère*, *Rhadamante*, *Minos*, *Eaque*, *Proserpine* ; *Alecto*, *Thisiphone* & *Mégère* (les Furies) ; *Chimère* : *Clotho*, *Lachésis*, *Atropos* (les Parques). Les Dieux de la mer : *Océan*, *Neptune*, *Triton*, *Protée*, *Glaucus*, *Palémon*, *Nérée*, *Mélicerte*, *Amphitrite*, *Thétis*, *Doris*, *Galathée* & toutes les *Néréïdes*. Les Grâces se nommaient *Ægla* ou *Aglaïa*, *Thalie* & *Euphrosine*. Les Dieux des bois: *Pan*, *Sylvain*, *Faune*, & les *Satyres*. Les Nymphes, *Oreades*, des montagnes ; *Dryades*, des fontaines ; *Hamadriades*, des campagnes ; celles de *Diane*, &c.

Festes des Grecs & des Romains, par ordre alphabétique.

GRECQUES.

Aletis, à l'honneur d'*Icare* & d'*Erigone*.

Anacalypteria, fêtes dédiées à *Cérès* & à *Bacchus* : c'était aussi le troisième jour de chaque mariage, d'*Aracalyptomai*, ouvrir ; parce que l'épouse auparavant renfermée dans la maison de son père , en sortait ce jour - là pour venir chez son mari.

Anathesseria , en l'honneur de Bacchus, au mois de Février, nommé *Anathesterion* ; cette fête se nommait encore *Dionysia*.

Anthesphoria, en mémoire de *Proserpine*, enlevée tandis qu'elle cueillait des fleurs. *Athis* est la fleur du mariage : *Theogamia* , est un autre nom qu'on lui donnait encore.

Ascolia , fête de *Bacchus* , nommé d'*Askos* , une vessie.

Boëdromia , en septembre , fête où l'on courait & criait.

Charistia , festins d'amitié.

Chytria , fête de *Mercure* , en novembre.

Diamastigoosis , fête célèbre des Lacédémoniens , où l'on fouettait la jeunesse devant l'Autel de *Diane*.

Diasia ou *Dupalia* , fêtes tristes à l'honneur de *Jupiter*.

Elaphobolia , en février , à l'honneur de *Diane*.

Ephestia , fêtes de Tirésias , célèbre devin , qui fut homme & femme.

Gamelia , de *Gamos* , mariage , en janvier , pour *Junon-Lucine*.

Hecatombe , à l'honneur de la même Déesse , à laquelle on immolait cent animaux, cette fête se nommait aussi *Heraia*.

Helenephoria , où l'on portait un coffre saint , nommé *Helena*.

Hyacinthia , fête des Lacédémoniens , à l'honneur d'*Apollon* & d'*Hyacinthe* : elle était triste.

Hypocaustria , fête de Minerve pour éviter les incendies.

Hysteria , fête à Argos , où l'on sacrifiait une truie (nommée ὗς en grec.)

Lampteria, de *Lamptes* (une torche) fête de Bacchus, où l'on portait des lampes toute la nuit à son temple , & où l'on mettait du vin dans toutes les places.

Megalesia , étaient les fêtes de Cybèle , où l'on représentait plusieurs Comédies au peuple : c'était en avril.

Matageitnia , fêtes d'*Apollon* , en mai.

Monophagia , fête chez les Egéens , où ces peuples mangeaient tous à la même table, pour se rappeler qu'ils n'étaient qu'une famille.

Munuchia , fête de Minerve, en mars, dans les ports d'Athèn.

Nephalia , ou *Ænia* , fête à Athènes , où l'on présentait des offrandes à Vénus Urania , sans faire des libations de vin ; on se servait d'eau mêlée avec du miel.

Nyctelia , fête , où l'on fesait des offrandes à Bacchus Réparateur , durant la nuit.

Oinesteria ; fêtes des Athéniens , où les jeunes-gens présentaient à Hercule un grand gobelet rempli de vin qui portait ce nom , & se coupaient les cheveux en son honneur.

Ornea, fêtes de Priape, ainsi nommées d'Ornis, ville du Péloponèse, où ce Dieu était honoré.

Oscophroion, la jeuneffe portait ce jour-là des farments de vigne au Temple de Minerve, en mémoire du retour de Théfée de l'île de Crète.

Panathenaia, principale fête des Athéniens en l'honneur de Minerve. La jeuneffe danfait tout armée, & l'on nommait ces danfes *Pyrrhiques*, d'un certain *Pyrrhus*, leur inventeur. On portait ce jour-là le voîle de Minerve, où l'on voyait le géant Encelade, que la Déeffe avait vaincu. Aux *Epheftia* & *Promethea*, on fefait la même chofe. On donnait au vainqueur des olives & un pot d'huile, & nul autre que lui ne pouvait faire fortir des huiles du territoire d'Athènes, pour les vendre à l'Etranger.

Pyanepfia, à l'honneur d'Apollon, en octobre : ainsi nommée de *Pyana*, arbres.

Skira, à l'honneur de Minerve, où les Prêtres portaient un van.

Thargelia, en avril; on préfentait aux Dieux les premiers fruits de la terre, bouillis dans un pot nommé *Thargelion*.

Theonia, à Athènes, fêtes de Bacchus.

Theoxena, *Theoxnea* : par les premières, on honorait tous les Dieux enfemble : les fecondes fe célébraient en même-temps, à l'honneur d'Apollon, à Delphes. Tous les Dieux étaient honorés aux unes & aux autres. Les Athéniens les confacraient particulierement aux Dieux étrangers, qui n'avaient pas un culte particulier chez eux, & ils les nommaient *Xeniai-Trapezai*.

Il y avait une fête de *Bacchus*, où l'on mettait le foir trois vaiffeaux vides dans le Temple de ce Dieu, & le lendemain on les trouvait remplis de vin, quoique les portes fuffent fermées exactement. Les Prêtres étaient là comme ailleurs de maîtres fripons. On nommait la principale Prêtreffe de Bacchus, *Thuia*, & toutes les autres *Thyadæ*.

Trieterica, fêtes de Bacchus, qui revenaient tous les trois ans.

Les Grecs célébraient les *Jeux Olympiques* tous les cinq ans ; Les *Ifthmiques*, tous les trois ans ; les *Néméens*, les *Eléens*, &c.

Fêtes des ROMAINS.

Actiaca, inftituées par Augufte, en mémoire de la victoire d'*Actium*.

Agonalia, en janvier, à l'honneur de *Janus*, ou plutôt d'A-gon Dieu des Entreprifes.

Angeronalia, pour *Angerona*, Déeffe de l'affliction.

Auguftalia, au mois d'août, en mémoire de l'heureux retour d'*Augufte* à Rome après fes victoires.

Brumalia, en novembre, à l'honneur de *Brumus*, ou *Bacchus*.

Carmentalia, en janvier, à l'honneur de *Carmente*, mère d'*Evandre*.

Cerealia, en avril, à l'honneur de *Cérès*. C'était une fête des Dames Romaines.

Compitalia, en mai; cette fête se célébrait dans les rues, sur les chemins & les hauteurs, pour honorer les Dieux tutelaires ou domestiques, & leur mère *Mania*.

Conceptivæ, *Imperativæ* & *Nundinæ*.

Consualia, au mois d'août, à l'honneur de *Consus*, Dieu du Conseil.

Dies pandicularis ou *Communicarius*, fêtes où l'on honorait tous les Dieux : nommée par les Grecs *Theonia*.

Dionysia, ou *Liberalia*, en mars, c'était une fête de *Liber*, *Bacchus*, ou *Dionysius*.

Feralia, en février, parce qu'on portait des viandes aux tombeaux des morts.

Feriæ-Latinæ, fêtes de Jupiter, qu'on célébrait sur le mont Albin.

Fontinilia, en octobre, où l'on couronnait toutes les fontaines & toutes les sources.

Laurentialia, en mémoire d'*Acca-Laurentia*, nourrice de *Remus* & *Romulus*.

Lemuria, en mai, pour conjurer & chasser les esprits nocturnes, qu'on appaisait par cette fête.

Lupercalia, en février, fête du Dieu Pan.

Matutalia, en mai ; fêtes des Dames Romaines, en l'honneur de *Matuta*, dans laquelle elles ne souffraient qu'une servante auprès d'elles, pour la souffleter, parce que *Leucothoé* ou *Ino*, objet de cette fête, fut jalouse de ce que son mari lui préférait une servante, & se noya de rage avec son fils *Mélicerte*.

Meditrinalia, en octobre, à l'honneur de la Déesse de la Médecine ; l'on goûtait ce jour-là le vin vieux & le nouveau.

Mercurialia, en novembre.

Natalitia, en l'honeur de *Génius*, fête de la jeunesse, en juin.

Neptunalia, en juin.

Opalia, en décembre, à l'honneur d'*Ops*, femme de Saturne.

Palilia, en avril ; c'était la fête de Palès, Déesse de Bergers.

Portumnalia, au mois d'août, au-delà du Tibre, pour la déesse des ports & des hôtelleries.

Quinquatria, fête de cinq jours, après les ides de mars, à l'honneur de Minerve.

Robigalia, en Avril, pour le Dieu de la rouille des bleds.

Salaria, en mars, fêtes du Dieu de la guerre.

Saturnalia, au solstice d'hiver ; fête du renouvellement de la saison, dans laquelle on retraçait une image de l'Age d'or, par l'égalité entre le maître & l'esclave.

Terminalia, en février, pour borner les champs, offrir des dons au Dieu Terminus, & rendre par-là sacrées les limites des héritages.

Triennalia, fêtes de Bacchus, qui se célébraient tous les trois ans.

Veneralia, où l'on honorait Vénus.

Vertumnalia, en octobre, de *Vertumnus*, Dieu des changeurs & des marchands.

Vinalia, en avril, les mêmes que *Veneralia*.

Vulcanalia, en août, fêtes des Forgerons.

Toutes ces fêtes des Anciens étaient souillées par des débauches en tout genre : ils les commençaient presque toutes par la tristesse, & les finissaient par une joie insensée : on s'y occupait peu de la Divinité qui en était l'objet : les jeux, les cérémonies, les spectacles fesaient toujours perdre de vue les Immortels : on prétend même que les Législateurs avaient substitué des motifs apparens, aux motifs véritables de l'institution de ces fêtes, qui n'étaient dans leur origine que des commémorations du malheureux état dans lequel vécurent les hommes avant que les Loix de la société les unîssent. Cette tristesse, par laquelle les fêtes commençaient, rappelait le premier état ; & la joie qui suivait, marquait la reconnaissance que l'on avait pour le Législateur qui procura un sort plus doux. Mais le désordre accompagna ces témoignages raisonnables de satisfaction : les hommes s'arrêtent rarement ; ils vont toujours aux extrêmes. Le Christianisme a ramené l'ordre par-tout.

Du Mahométisme.

L'Auteur de cette Religion naquit en 591, sous le régne de l'Empereur Maurice. Son Alcoran fut composé par *Sergius*, Moine Nestorien, aidé de quelques Juifs ignorans. De plusieurs copies qui se trouvèrent à la mort de *Mahomet*, on n'en conserva qu'une, & l'on brûla toutes les autres. *Mahomet* persuada aux peuples que l'Ange *Gabriel* lui dictait l'Alcoran dans ses accès de mal-caduc, qu'il donnait pour des extases. Il promet à celui qui lira mille fois son ridicule Livre, une récompense qui ne l'est pas moins ; c'est une femme dans son Paradis, qui aura les sourcils aussi grands que l'arc-en-ciel. Les *Turcs* appellent leur livre *Musaph*, & ne peuvent le toucher qu'après s'être lavé tout le corps. La loi mahométane est divisée en huit commandemens. 1. De reconnaître un seul Dieu & un Prophète, qui est Mahomet. 2. Prescrit les devoirs réciproques des pères & des enfans. 3. L'amour du prochain. 4. Le temps de la prière. 5. Les jours de jeûne. 6. Les aumônes. 7. Qui concerne la loi des mariages, qu'on ne doit pas retarder après la 25.ᵉ année (cette loi est sage.) 8.

Ceux

Ceux qui obferveront ces commandemens, iront dans un paradis où il y aura de belles femmes, nommée *Houris*, qui feront toujours vierges, malgré qu'elles faffent tout pour ne plus l'être; des tables bien fervies, de la mufique, des lieux charmans, des bois toujours verts, d'excellens fruits, des affieres d'or, d'argent, de pierres précieufes, &c. Mais au contraire, ceux qui violeront la loi, iront dans un enfer à fept portes. Ils mangeront & boiront du feu; ils feront enchaînés, & mis dans des chaudières d'eau bouillante. Il prouve le dogme de la refurrection, par fept Dormans, plongés dans le fommeil durant 360 ans dans une caverne. Il défend de manger des animaux profcrits par la Loi de Moïfe, & le faux témoignage. Il confacre le *Vendredi*, & ordonne le Pélerinage de la *Méque*; il prend enfuite la Morale de l'Évangile fur l'avarice, l'ufure, l'oppreffion, le menfonge, le jurement, mais il n'en adopte par la douceur & la tolérance : il veut que l'on contraigne les hommes à embraffer fa doctrine, & qu'on ne laiffe paraître aucune miféricorde envers ceux qui refuferont. Il défend toute difpute fur l'Alcoran, & de douter d'un feul mot de ce qu'il contient.

Les *Mufulmans* croient une *fatalité inévitable*, ou *prédeftination*. Malgré leur intolérance, ils croient que tous ceux qui mènent une bonne vie, iront dans le Paradis. Les bonnes-œuvres, felon eux, méritent infailliblement le ciel. Ils prétendent que tout mourra, jufqu'aux anges mêmes, lorfque le chérubin Ifraphil fonnera de la trompette pour la première fois; & qu'à la feconde tout reffufcitera. Ils croient un purgatoire. Ils rendent honneur au foleil levant, & prétendent que le ciel eft fait de fumées, qu'il y a des mets audeffus, que les diables feront un jour fauvés par l'Alcoran, &c.

Les deux principales fectes font celles d'*Ali*, & d'*Omar*. La première eft fuivie des Perfans, & la feconde des Turcs. Leurs Religieux, font les *Imailer*, ou *Immaums*, fort débordés dans leurs mœurs, & qui ne s'occupent qu'à chanter des poéfies lafcives pour de l'argent. Les *Calenders* font profeffion du célibat. Les *Dervishen* ou *Derviches* égratignent leur corps, vont nue tête, & brûlent leurs tempes avec un fer chaud; leurs fupérieurs fe nomment *Affambaba* : Ils fe taillent des fleurs dans la chair, pour l'amour des femmes qu'ils aiment. Les *Torlachs*, font vêtus de peaux d'ours; ils vivent à la campagne dans l'ignorance & l'oifiveté.

Ils ont huit ordres ou degrés de Prêtres féculiers: 1. le *Muphti* ou *Pape*; 2. le *Cadilefcher*, ou Vicaire; 3. le *Cadi*, qui enfeigne le peuple; 4. les *Modécis*, hofpitaliers; 5. les *Antiphi*, qui lifent la loi; 6. les *Imain*, ou *Imans*, qui ont foin du cérémonial; 7. les *Murin*, appellent le peuple du haut des tours; 8. les *Sophi*, ce font les chantres du temple.

Les Mahométans font tous circoncis. Cette religion embraffe l'*Afrique*, l'*Afie*, la *Turquie*, l'*Arabie*, la *Perfe*, la plus grande partie des États du *Mogol*, la *Tartarie* : elle eft beaucoup plus étendue que le Christianisme. Elle est inconnue en Amérique. *Alexandre Ross* dit que la vie scandaleuse de nos Prêtres a détruit la religion dans ces vastes contrées.

Les 150 ou 200 Sectes de la RELIGION CHRÉTIENNE, suivant les temps auxquels elles ont paru.

A-PEINE la Religion Chrétienne fut prêchée publiquement, qu'il s'éleva des hérésiarques qui attaquèrent le dogme & la morale : le premier de tous, est *Simon*, samaritain de naissance, qui voulut acheter de *Pierre*, le don de Dieu. Il se disait Dieu lui-même, enseignait que le monde avait été créé par les Anges. Il disait que les Patriarches & les Prophètes n'avaient pas connu le Dieu de Moïse &c. Il eut pour successeur dans ses opinions, *Menander* l'an 48, *Cerinthe* 62, *Nicolaüs* 52, *Saturninus* 100 & *Basilides* 100. Ensuite les *Tertullianistes*, & les *Antropomorphites* ; les *Sabelliens*, les *Samosatéens*, *Montanistes*, *Praxiens*, *Photiniens*, *Priscilliens*, *Marcionites*, *Manichéens*, *Angéliques*, (qui adoraient les Anges) & comme ils disaient que *Christ* n'avait pas souffert, il préparèrent la voie aux *Valentiniens*, *Ardoniens*, *Aphtordocites*, *Docites* & *Mahométans*. *Basilides* nommait Dieu *Abraxas* 369,& disait que le monde avait été fait en 365 jours,que le dernier des Anges était le Dieu des Juifs,& que *Christ*, qu'il nomme *Goal*, avait été envoyé pour s'opposer à ce Dieu séditieux des Juifs. Il disait aussi qu'il n'était pas permis de souffrir le martyre, & permettait l'idolâtrie.

Les *Nicolaïtes* (de Nicolaüs, l'un des sept premiers diacres) s'adonnaient à toutes sortes d'impuretés, & voulaient que les femmes & les biens fussent en commun. Les *Carpocratiens* 100,enseignaient qu'il y avait deux Dieux contraires l'un à l'autre ; que Christ n'était qu'un homme,&c. Les *Ébionites* 37,niaient la divinité de *Christ*. Les *Cerinthiens*,& les *Nazaristes*,regardaient la circoncision comme le baptême. Les *Secondiens* 110, permettaient tous les plaisirs,disant que la foi suffit sans les œuvres.*Ptolémlens* méprisaient l'ancienne loi. Les *Marcites* 115, niaient l'humanité de Jesus-Christ. Les *Colabarsiens*, attribuaient toutes nos actions aux sept Planètes. Les *Héracléonites* 110, disaient qu'on pouvait renier le *Christ* de bouche seulement. Les *Ophites* 132, disaient que *Christ* était le serpent qui trompa Eve. *Cainites* : ils adoraient *Caïn*,*Coré*, *Dathan*, *Abiron* & *Judas*, comme ayant occasionné du bien par leurs crimes. *Séthites* : adoraient *Seth*,& pensaient comme les Caïnites.*Archontiques* & *Ascodypes* 303, adoraient les Anges, rejetaient les sacremens, s'adonnaient à toutes sortes d'impuretés ; ils pensaient que le diable avait engendré d'Eve, Caïn & Abel. *Cerdon* 110, & *Marcion*133: deux Dieux contraires,l'un bon,l'autre sévère; niaient la resurrection &c. *Apelles* 150, disciple de Marcion, ne reconnaissait qu'un Dieu ; le corps de *Christ* est élémentaire, & son esprit seul est au ciel : cependant il enseignait un Dieu *Feu*. Les *Sévériens*, disciples d'un *Sévérus* qui fréquentait une débauchée nommée *Philumène*; il condannait le mariage, niait la résurrection & les prophètes. Les *Tatiens*, disciples de *Tatianus* élève de *Justin* martyr. Ils s'abstenaient de vin, de chair & de mariage. Ils croyaient tous les hommes dannés, exceptés les *Tatiens*. *Cataphrygiens* 144, les mêmes que les *Montanistes*; deux prostituées suivirent ce Montan, & prophétisaient à sa suite; leurs paroles étaient regardées comme autant d'oracles. Ces misérables, dans la cène, mêlaient du pain avec du sang de petits enfans.

Les *Pépuziens*, *Quintiliens* & *Artotyrites* regardaient les femmes comme d'une nature plus excellente que les hommes (c'était à-peu-près l'idée de Robert d'Arbrissielles): ils disaient que Christ avait paru sur la terre sous la forme d'une femme: les *Artotyrites* mêlaient du pain & du fromage dans l'Eucharistie. *Quartodécimans* 165; ils célébraient la Pâque comme les Juifs, niaient qu'on pût obtenir le pardon quand on péchait après le Baptème &c. Les *Alogiens* ou *Bériliens* 167, rejèt. l'Évang. de s. Jean & l'Apoc. Les *Adamites* 210, voulaient qu'on allât nud. Les *Elcésiens* avaient un Livre dont la lecture effaçait les péchés: ils adoraient l'Eau, & deux Prostituées, dont ils léchaient la poussière des piéds & la salive; ils disaient qu'on pouvait renier Christ en temps de persécution, &c. *Théodotiens* 170, disaient que Christ n'était qu'un homme, attaquaient l'authenticité des Évangiles, soutenaient que Chr. était né par copulation charnelle &c. *Melchisédéciens* 174, mettaient Melchisédech au-dessus de Christ. *Bardésanistes* 144, enseignaient que toutes choses & Dieu même étaient sujets à la Fatalité. *Noëtiens* 140; leur erreur était de n'admettre qu'une personne dans la Trinité, tout-à-la-fois mortelle & immortelle. Les *Valésiens* 216, condannaient le mariage & la reproduction; ils se châtraient eux-mêmes. Les *Cathari* ou *Novatiens* 220, refusaient l'absolution aux coupables après le baptème. Les *Apostoliques* 145, sous prétexte d'imiter les Apôtres, rejetaient le mariage; ils avaient des Évangiles apocryphes; ils furent aussi nommés *Apotactiques*. Les *Sabelliens* 224, disaient qu'il n'y avait qu'une personne en Dieu, & que Dieu le Père avait souffert. *Origéniens* permettaient le concubinage, & défendaient l'union légitime. Les *Origénistes* 247, disciples du célèbre Origène, disaient que nos âmes reviendraient dans nos corps, que la punition des Diables & des réprouvés ne durerait que 1000 ans; que le Père a créé le Fils & le Saint-Esprit &c. J'ai parlé des *Samosatéens* 223, des *Photiniens*, *Luciens* & *Marcelliens* à l'article de Simon. Les *Arriens* 290, en étaient une suite, & niaient la Divinité de Christ. *Manichéens*: Manès, Perse de naissance, réunit dans sa secte toutes les erreurs précédentes, & y en ajouta de nouvelles. Les *Hiérachites* 233, disaient que les Solitaires & les Moines seuls pouvaient être sauvés, & que les enfans & les gens mariés étaient au nombre des réprouvés. *Méletiens*

286, les mêmes que les *Novatiens*. *Audiens* ou *Anthropo-morphites* 338, fefaient Dieu corporel. Les *Sémi Arriens* 530. Les *Macédoniens* 312, regardaient le Saint-Efprit comme une créature. *Ériens* 349, rejetaient l'Ordre, & difaient que l'Ancien était l'Évêque de droit ; ils ne priaient pas pour les morts. Ils condannaient le mariage &c. *Étiens* 331, ou *Eunoniens* & *Anomei* ; ils ne croyaient pas que Chriſt fût femblable au Père. On les nommait encore *Eudoxiens*, *Théophroniens*, *Troglodites* & *Gothici* ; ils débatifaient. *Apollinariſtes* 350; il divifaient l'humanité de Chriſt, difant qu'il avait pris un corps humain & une *âme fenfitive*, mais non pas humaine. *Antidicomariens* 355, ou *Antimarites*, & *Helvidiens* ; difaient que Marie ne demeura point vierge, & qu'elle eut des enfans de Jofeph après Jefus-Chriſt. *Meſſaliens* 341, priaient toujours, & rejetaient la foi & les bonnes-œuvres, adoraient le diable: ils furent nommés *Martyriens*, parce qu'ils adoraient un des leurs qu'un foldat avait tué. *Euphémites*, *Enthoufiaſtes*, à caufe de leurs prétendues infpirations: ils approuvaient le menfonge, le parjure ; condannaient l'aumône, &c. *Métangifmonites*, difaient que le Fils était dans le Père, comme un petit vafe dans un plus grand, & fefaient Dieu corporel. *Hermiens*, ou *Hermogéniens* 177, & *Séleuciens*, fefaient la matière éternelle comme Dieu ; que les Anges font faits d'efprit & de feu, &c. *Procliens* ; comme les précédens, & ajoutaient que Chriſt n'était pas encore venu en chair. *Patriciens* 387, penfaient que *Satan* avait formé nos corps, & non pas Dieu. *Afcites*, étaient les bouteilles de cuir de l'Évangile, pleines de vin nouveau. *Pattalorinchites*, ou *Silenciaires*, fefaient confiſter toute leur piété à garder le filence. *Aquarii*, fe. fervaient de l'eau dans l'Euchariſtie. *Coluthiens*, difaient que Dieu ne pouvait punir, parce que la punition eſt un mal. *Floriens* 155, voulaient que Dieu eût créé le mal & le péché. Les *Eternales* foutenaient l'éternité future du monde. *Nudipédales*, allaient nuds piéds pour le falut de leur âme, parce que Dieu le commanda à *Moïfe*, à *Ifaïe*, &c. *Donatiſtes*, avaient du bon & du mauvais : ils ne voulaient pas qu'on punît les hérétiques, & difaient qu'il falait que chacun fût libre ; mais ils méprifaient toute fupériorité &c. Les *Circumcelliones* étaient une de leurs fectes; ils fe nommaient auffi *Parménianiſtes*, *Campates* & *Montenfes*. *Prifcillianiſtes* 348, étaient Manichéens, Sabelliens, Origéniſtes, &c. *Rhétoriens* ; ils difaient que chacun fera fauvé par fa religion. *Feri*, ne voulaient point de fociété. *Théopofcites*, voulaient que la nature divine eût fouffert dans Chriſt. *Trithéiſtes*, divifaient l'effence de Dieu en trois parties. *Aquei*, fefaient l'eau éternelle avec Dieu. *Melitonii*, enfeignaient que le corps de l'homme avait été fait à l'image de Dieu, & non pas l'âme. *Ophei*, foutenaient la pluralité des mondes. *Tertulli*, changeaient les âmes des impies en diables, ou en animaux féroces. *Libé-*

rateurs , difaient que tous les impies qui crurent à Chrift , lors de fa defcente aux enfers , furent fauvés. *Nativitaires* difaient que le Fils, comme Dieu, n'a pas toujours été. *Lucifériens* 353, fefaient les âmes corporelles, & ce monde l'ouvrage du diable. Les *Jovinianiftes* , maintenaient que tous les péchés font femblables, que le jeûne eft inutile , que la Vierge perdit fa virginité en portant Chrift, &c. *Arabiques* , crurent que les âmes des hommes mouraient avec le corps, & que tous deux reffufciteraient au dernier jour. Les *Pfychopanichites* leur reffemblent, & difent que les âmes repofent dans le tombeau avec les corps. *Collyridiens* 357 , appelés ainfi d'un gâteau nommé par les Grecs *Collyrides* , qu'ils préfentaient tous les ans à une jeune-fille en mémoire de la Vierge *Marie*, dont le culte n'était pas encore établi. *Paterniens*, ou *Vénuftianiens* , de *Vénus* qu'ils honoraient par leurs actions impudiques. On les nommait en grec *Ethioproskoptai* , antipodes d'honnêteté. *Tertullianiftes* 243, difciples du fameux *Tertullien* ; firent Dieu corporel , & nos âmes, non - feulement corporelles, mais ayant des membres & des parties, qui reçoivent de l'accroiffement & de la diminution avec le corps ; que la Vierge fe maria une fois après la naiffance de Chrift , &c. Ils condamnaient toutes fortes de guerres pour les chrétiens. *Abélonites* , héréfie trop monftrueufe pour durer : ils affuraient qu'*Abel* fe maria , mais quil ne fe fervait de fa femme que d'une façon qui fait horreur , afin de ne point avoir d'enfans : à fon imitation , les Abélonites fe mariaient , & fe conduifaient de même , & adoptaient les enfans des autres. *Pélagiens* 382 , difaient que la mort n'était pas la folde du péché ; mais qu'Adam ferait mort, quand il n'aurait pas péché. Que les petits enfans font bienheureux fans le batême ; que l'homme peut le bien de lui-même , & qu'il ne doit rien à la *prévention* , & à l'*aide* de la Divinité , & que nos bonnes-œuvres nous attirent la grâce , &c. *Prédeftinatiens*, parfaitement contraires , & plus dangereux que les Pélagiens ; fous prétexte de *prédeftination*, fe livraient à toutes fortes de crimes : on les appelait encore les *Libertins*. *Thimothéens* 447, ou *Monothélites*, n'attribuaient à J.C. qu'une volonté , parce qu'ils difaient que les deux natures confondues dans le fein de la Vierge , avaient formé une troifième fubftance , qu'ils nommaient *mixte*. *Neftoriens* 400, mettent deux perfonnes en J. C. favoir le fils de Dieu , & celui de Marie ; laquelle n'eft mère que d'un homme & non de Dieu. *Eutychiens*, difaient que l'humanité était dans Chrift engloutie par la divinité. De ceux-ci naquirent les *Acéphales* 462 , qui ne voulaient ni prêtres, ni évêques, ni facremens. *Monophifites*, comme les Eutychiens. *Agnoètes* 572, difaient que Chrift ignorait le jour du jugement. *Jacobites* 575, Eutychiens, appelaient les Chrétiens *Melchites* par mépris. *Arméniens* 577, foutiènent que Chrift n'a point pris de corps dans le fein de Marie. *Heicites*, ils difaient que le fervice divin confiftait en

de faintes danfes. Les *Gnofimachi*, méprifaient toutes fortes
de fciences. *Armenii*; ils enfeignaient que le S. Efprit pro-
cédait feulement du Père; que toutes les femmes à la réfur-
rection feraient changées en hommes, &c. *Chazinzarii*, n'a-
doraient que la croix : *Staurolatræ*, de même. Les *Thétopfy-
chites* maintenaient que l'ame meurt avec le corps. *Theoka-
gnoftæ*, difoient que l'âme & le corps meurent en même-
temps. *Ethnophrones*, étaient des payens chrétiens (comme
les Jéfuites du Malabar). *Lampétiens*, ne voulaient pas qu'on
différenciât les Moines par l'habit. Les *Maronites* étaient Eu-
tichiens; ils fe font depuis réunis à la croyance Romaine. *Ago-
nyclites*, ne voulaient pas qu'on priât à genoux. *Ichonoclaftes*
8.ᵉ fiècle, ou *Iconomaques*, regardaient comme une idolâtrie
la vénération des images. *Aldebertins*, fous qui révéraient les
reliques d'un *Aldebert*, Français de nation, leur auteur.
Les *Albanenfes* regardaient comme un crime toute forte de
ferment; difaient que les facremens perdaient leur force ad-
miniftrés par un mauvais prêtre, &c. On vit un *Cladius* 9.ᵉ
& 10.ᵉ fiècles, *Godfchalus*, *Photius*, *Scot*, *Bertrame* donner naiffance aux opinions de *Luther*. *Bérenger* 11.ᵉ & 12.ᵉ
fiècles, attaque la préfence réelle. Les *Simoniaques* s'élevèrent
alors, en faveur de la Cour de Rome, qui vendait tous les
Bénéfices, ce qu'ils voulurent juftifier. Les *Reordinans* s'y
opposèrent, & foutinrent que l'ordination même d'un Si-
moniaque était invalide. Les *Micanes*, forte de Nicolaïtes.
Le *Sabellianifme* reparut. Les *Henriciens* (de l'emp. Henri 4)
les *Patarins* ne voulaient pas qu'on chantât à l'églife; ces derniers étaient difciples de Porretanus év. de Poitiers. Les nouveaux *Apoftoliques* fe difaient envoyés de Dieu immédiate-
ment, & indépend. des Sup. On mit mal-à-propos au rang des
hérétiques *Marcilius* de Padoue, qui difait que le Pape n'é-
tait pas l'unique fucceffeur de Chrift; qu'il était affujetti à
l'Empereur, &c. que les Eccléfiaftiques ne devaient point
jouir des feigneuries mondaines, &c. *Bougomilii*; ils étaient
Ariens, Manichéens; &c. *Taudenius* fauvait les hommes par
la foi. Les *Pétrobruffiens*, comme Bérenger. Le célèbre
Abailard, foutint que Dieu n'était pas feul éternel; que Chr.
ne prit pas notre chair pour fauver les pécheurs; que le *Père*
eft la *Puiffance*; le *Fils*, la *Sageffe*; le *Saint-Efprit*, la
Bonté; que le Saint-Efprit eft l'âme du monde &c. Que
l'homme n'a point de libre arbitre. Les *Vaudois*, malheu-
reufement trop connus, & trop calomniés; leurs perfécutions
font la honte des Papes & des Rois qui les ont autorifés. *Al-
bigeois* 12.ᵉ fiècle, noircis comme les précédens par des fcé-
lérats intéreffés à les perdre. *Correrii*, comme les Pétrobruffiens ou Bérenger. *Joachim Abbas*, & *P. Joannis* dif. que l'â-
me engendr. l'âme. *Almaric* 13.ᵉ fiècle, *Dinantius*, *Guillaume
de S. Amand*, *Longobardus*, *Lullius*, n'eurent point de
fectateurs: Dinantius difait que Dieu était la matière première.
Fouetteurs; ils enfeignaient que de fe fouetter effaçait mieux

les péchés que toute autre bonne-œuvre. *Fraticelles*, tenaient comme permise la communauté des femmes ; ils tuaient les enfans qui naissaient de leur commerce (dit-on). Les *Pseudo-Apostoli*, disciples de Sagarellus de Parme. Les *Béguards* 14.e siècle, étaient solitaires ; ils disaient qu'un baiser était un péché, parce que ce n'était pas un besoin de la nature ; mais que la copulation était une bonne-œuvre, parce qu'elle est nécessaire. Les *Lollards*, plaignaient fort le pauvre Satan chassé du ciel, disaient-ils, sans l'avoir mérité, &c. *Armanacus* & *Janovesius* sont obscurs. Les *Turelupins* étaient des cyniques. Les *Wiclévites* de Jean Wiclef) nient la transubstantiation ; disent que S. Benoît, S. Augustin &c. sont damnés pour avoir établi des ordres religieux, &c. Jean *Hus* 15.e siècle, fut Vaudois & Wiclévite. *Jérôme de Pragues*, de même. Les *Hussites* divisés en deux sectes, *Pragenses*, & *Thaborites* ou *Orfanes*, vengèrent la mort de leur maître sur les prêtres & les moines. *Ryswik*, Hollandais, disait que Christ était un séducteur, que Moïse n'avait jamais vu Dieu ; &c. Les *Anabaptistes*, ou *Débatiseurs* ; ils étaient Ariens, Pélagiens, &c. Les *Moscovites*, qui se séparèrent de la Religion Grecque. *Mennonistes*, niaient que la chair de Christ soit humaine. Les *Antitrinitaires*, sont Ariens & Samosatéens. Les *Antimariens*, nient la virginité de Marie. *Antinomiens*, rejettent toute loi. Les *Infernales*, nient la descente de J. C. aux enfers, & disent qu'il n'y a point d'autre enfer qu'une mauvaise conscience. Les *Béguiniens*, ainsi nommés de Béguinus, leur maître ; disent que Christ n'est pas mort pour les impies. Les *Hutistes* avaient la folie de prédire le jour de l'avènement de Christ. Les *Invisibles* disent que la vraie Église est invisible. Les *Quintinistes*, disciples d'un Tailleur de Picardie, qui permettaient toutes les religions ; ou plutôt se moquaient de toutes, comme ce Lucianiste, qui écrivit le livre des *Trois Imposteurs* ; ils niaient l'immortalité de l'âme, & déifiaient le ciel & la terre. Les disciples de *Henri-Nicolas*, rejet. les Sacremens & la fin du *Pater*. *Effrontés* qui se laissaient égratigner le front jusqu'au sang, qu'ils graissaient d'huile, ne se servant point d'autre baptême que de celui-là. Les *Hoffmanistes* en Transylvanie, enseignent que Dieu prit chair de lui-même. Les *Swenkefeldiens*, en Silésie, enseignaient que Christ est un homme que Dieu créa tout exprès pour nous délivrer, & que cet homme devint Dieu.

Les sectes de *Luther* & de *Calvin* 15.e siècle, sont assés connues ; je n'en parlerai pas. Je passerai aux noms d'autres novateurs, qui les ont suivis : *Hobos, Zuingle, David Joris, Mélanchton, Bucer, Westphalus, Servet* Espagnol brûlé à Genève pour Sabellianisme ; *Brentius*, chef des *Ubiquitaires*, qui disaient que le corps de Christ est présent par-tout ; *Postellus, Osiandre, Stancarus Amsdorphius, Georgius Major, Joannes Agricola, Steenbergerus Okinus* (il permettait la polygamie) *Valentinus Gentilis*, *Paulus de Krakow* (il dit que Satan a été créé mauvais) qui tous renouvelèrent les anciennes opinions des premiers hérétiques, ou des philosophes du paganisme, par la raison que l'esprit humain qui est toujours le même, fait nécessairement un cercle, & revient au bout d'un temps, au point d'où il était parti.

MAINTENANT comparez la morale de la religion avec cet amas d'opinions & d'horreurs que je viens de mettre sous vos yeux; cela vaudra mieux que de raisonner avec tant d'autres, qui veulent prouver la religion, & ne nous montrent que leur propre impéritie: c'est la voie de la comparaison qui vous convaincra que notre culte est le plus pur, & dès-lors le plus digne d'un homme raisonnable.

Il serait cependant injuste de juger la religion payenne sur les déclamation des premiers Chrétiens. Toutes les cérémonies, qui paraissaient absurdes, ou même infames de leur temps, avaient eu dans leur institution un motif raisonnable. Rien de plus grand & de plus sublime, que celle du *Phallus* porté par les femmes dans les mystères, si l'on considère que l'on voulait désigner par-là deux choses également importantes: la première, le respect que l'on doit à l'acte saint de la génération; & la seconde, la soumission & la dépendance naturelle où les femmes doivent vivre sous leurs maris.

Mon cher Marquis, ma chère fille, le mariage est l'action la plus importante de la vie. Il faudrait avant de contracter cet engagement, que l'esprit fût toujours assés meuri pour gouverner sagement sa maison, & le corps assés formé pour que les enfans ne ressemblassent point à ces fruits précoces qui épuisent l'arbre, & n'acquièrent jamais de perfection. Hélène est bien jeune; j'avais fixé votre union pour un autre temps; mais.... il a falu l'avancer. Je me suis trouvé dans le même cas avec votre mère; ma conduite fut peu commune; je n'oserais la conseiller à personne; je ne sais même si je dois vous la confier.... Aimez-vous, mon cher fils & ma chère fille; vous allez devenir vos maîtres, & c'est le dernier commandement que vous fait votre père....

TELLES étaient les *Instructions* que le Comte avait rassemblées pour ses enfans. Le Marquis & M.lle de T·· les reçurent avec une respectueuse reconnaissance; & tous deux se proposèrent d'en faire la règle de leur conduite.

Fin du Précis & de la Notice des Religions.

Fautes à corriger.

Page 29, *ligne presqu'avant dernière*, il continua son récit; *lisez*, il le continua

67, *ligne* 22, approu-; *lisez*, approuvé.